HEYNE MILLENNIUM

SHAKTI GAWAIN

DIE VIER STUFEN DER HEILUNG

Das Geheimnis gesunden Lebens auf den vier Ebenen der Existenz

Aus dem Amerikanischen von Thomas Görden

WILHELM HEYNE VERLAG
MÜNCHEN

HEYNE MILLENNIUM
Herausgegeben von Michael Görden

Titel der Originalausgabe:
THE FOUR LEVELS OF HEALING
erschienen bei Nataraj Publishing, Mill Valley, Kalifornien, USA

Umwelthinweis:
Dieses Buch wurde auf
chlor- und säurefreiem Papier gedruckt.

Lektorat: Renate Schilling
Umschlaggestaltung: Atelier Ingrid Schütz, München
Umschlagillustration: Tony Stone Bilderwelten/
Kevin Schafer, München
Satz: Leingärtner, Nabburg
Druck und Bindung: Wiener Verlag, Himberg
Printed in Austria 1998

ISBN 3-453-14330-2

Inhalt

Für Kathy, in Dankbarkeit für all die Jahre
liebevoller Freundschaft, Führung,
Unterstützung und kreativer Inspiration

Einleitung

Wir leben in einer äußerst aufregenden und herausfordernden Zeit. Die Menschheit als Ganzes ist, ebenso wie jeder einzelne von uns, mit der Tatsache konfrontiert, daß unsere bislang gewohnte Lebensweise nicht länger funktioniert, weder für uns selbst noch für den Planeten insgesamt.

Viele von uns erkennen, daß wir mitten in einem schwierigen, aber faszinierenden Lernprozeß sind – unserer persönlichen Evolution und der Evolution des menschlichen Bewußtseins.

Wir können nicht länger den altvertrauten Pfaden folgen. Die materialistische Lebensweise bewirkt, daß wir uns spirituell leer und emotional unerfüllt fühlen, und sie ist für die rapide Zerstörung der Erde verantwortlich. Die überlieferten spirituellen Philosophien des Ostens und des Westens sind für viele von uns nicht länger hilfreich; sie leugnen zu viele Bereiche unserer menschlichen Erfahrung – die körperlichen und emotionalen Aspekte unseres Lebens. Und die starke Ausrichtung unserer Kultur auf die intellektuelle und technologische Entwicklung hat in unserer Welt ein gefährliches Ungleichgewicht erzeugt.

Um zu neuer persönlicher Zufriedenheit zu gelangen, müssen wir Wege finden, alle Aspekte unserer Persönlichkeit zu entwickeln und auszudrücken. Und im Interesse aller müssen wir einen Weg finden, mit größerer Bewußtheit auf dieser Erde zu leben.

Dazu ist es notwendig, daß wir uns selbst ehrlich anschauen und die Bereiche in unserem Leben aufdecken, wo es uns an Bewußtheit mangelt. Wir müssen lernen, unsere seelischen Wunden zu heilen, und uns um unser Wachstum und unsere Weiterentwicklung kümmern.

Viele von uns sind auf der Suche nach Erkenntnissen, praktischen Ratschlägen und Hilfsmitteln, die diesen Prozeß unterstützen.

Mir hat die Erkenntnis sehr geholfen, daß es vier unterschiedliche Aspekte des Lebens gibt: spirituell, mental, emotional und physisch. Jeder dieser Bereiche bedarf der Heilung und Entwicklung, und zwar jeweils auf seine eigene Weise.

Bei meinen Seminaren und Vorträgen wurde häufig die Bitte an mich herangetragen, die von mir immer wieder angesprochenen vier Ebenen der Existenz einmal ausführlicher in schriftlicher Form zu beschreiben. Das vorliegende Buch ist meine Antwort auf diese Bitte.

Ein Teil des Materials stammt aus meinem Buch *Wege der Wandlung. Selbstheilung durch Transformation* und von meiner Audiokassette *The Four Levels of Healing* (siehe Literaturverzeichnis). Ich habe aber auch vieles ergänzt, was in meinen bisherigen Büchern und auf den Kassetten nicht zur Sprache kam.

Die Bewußtseinsreise ist nicht einfach, aber sie ist das wichtigste und lohnendste Abenteuer, dem wir uns widmen können. Ich hoffe, dieses Buch wird Ihnen bei dem unaufhörlichen Prozeß Ihrer persönlichen Entwicklung eine Hilfe sein.

In Liebe,
Shakti Gawain

ERSTES KAPITEL

Die vier Ebenen der Existenz

Das menschliche Leben hat vier Aspekte: die spirituelle, mentale, emotionale und physische Ebene der Existenz. Um in unserem Leben Ausgewogenheit, Ganzheit und Erfüllung zu erlangen, müssen wir alle vier Aspekte in uns heilen, entwickeln und integrieren.

Unser spiritueller Aspekt ist unser innerster Wesenskern, unsere Seele, jener Teil von uns, der jenseits von Raum und Zeit existiert. Er verbindet uns mit der universalen Quelle und der Gesamtheit allen Lebens. Wenn wir uns stärker der spirituellen Ebene unseres Daseins bewußt werden, ermöglicht uns das, ein Gefühl der »Zugehörigkeit« zum Universum zu erfahren. Wir entdecken in unserem Leben Sinn und Bestimmung, und unsere Perspektive erweitert sich über den rein persönlichen Blickwinkel hinaus. Die spirituelle Ebene stellt das Fundament für die Weiterentwicklung der anderen drei Ebenen dar.

Unser mentaler Aspekt ist unser Intellekt, unsere Fähigkeit zum Denken und Analysieren. Unsere geistig-mentale Daseinsebene besteht aus unseren Gedanken, Einstellungen, Überzeugungen und Werten. Der Verstand kann unsere größte Gabe, doch manchmal auch unser größter Fluch sein. Er kann uns in schreckliche Verwirrung stürzen oder uns zu tiefer Einsicht verhelfen. Wenn wir die mentale Ebene unseres Daseins entwickeln, werden wir fähig, klar zu denken, vorurteilslos offen zu sein und doch intelligent Unterscheidungen zu treffen. Unser Verstand befähigt uns, Wissen und Weisheit aus unserer Lebenserfahrung und der Welt um uns zu gewinnen.

Unser emotionaler Aspekt ist unsere Fähigkeit, das Leben tief zu erfahren und auf der

Gefühlsebene zu anderen Menschen und zur Welt in Beziehung zu treten. Dieser Teil von uns strebt nach sinnerfüllten zwischenmenschlichen Kontakten, nach Verbundenheit. Wenn wir unsere emotionale Ebene entwickeln, werden wir fähig, das Leben in seiner ganzen Bandbreite zu erfahren und in der Beziehung zu uns selbst und anderen Menschen Erfüllung zu finden.

Unser physischer Aspekt ist natürlich unser physischer Körper. Dieser Bereich schließt darüber hinaus aber auch unsere Fähigkeit ein, in der materiellen Welt zu überleben und zu gedeihen. Um uns auf der physischen Ebene zu entwickeln, ist es erforderlich, daß wir gut für unseren Körper sorgen und Freude an ihm haben. Außerdem gehört dazu, daß wir lernen, mit Genuß und Erfolg in der Welt zu leben.

Alle vier Ebenen der Existenz sind gleichermaßen wichtig. Längerfristig können wir es uns nicht leisten, eine von ihnen zu vernachlässigen. Wenn wir uns wohl fühlen und ein gesundes, befriedigendes Leben führen möchten, müssen wir ein gewisses Maß an Zeit und Aufmerksamkeit auf die Heilung und Entwicklung aller vier Aspekte verwenden.

Die meisten von uns hatten Gelegenheit, bestimmte Anteile ihrer Persönlichkeit zu entwickeln, während andere Teile zu kurz kamen. Sei es, daß wir auf Kritik oder Ablehnung stießen, wenn wir bestimmten Aspekten Ausdruck verleihen wollten, oder aber, daß wir einfach nicht wußten, wie.

Manche Ebenen bedürfen vielleicht deshalb besonders der Heilung, weil wir dort verletzt wurden oder ein Trauma erlitten haben. Wenn Ihnen zum Beispiel als Kind bestimmte spirituelle Überzeugungen beigebracht wurden, die Ihnen nicht entsprachen, und das bei Ihnen zu einer generell ablehnenden Haltung gegenüber der spirituellen Seite des Lebens führte, haben Sie möglicherweise eine Wunde auf der spirituellen Ebene, die dadurch geheilt werden kann, daß Sie Ihren persönlichen Weg der spirituellen Praxis finden. Wenn es Ihnen auf intellektuellem

Gebiet an Selbstvertrauen mangelt, haben Sie vielleicht eine Wunde auf der mentalen Ebene. Wir alle haben durch Enttäuschungen und Verletzungen mehr oder weniger schwere emotionale Wunden erlitten, die der Heilung bedürfen. Viele von uns leiden unter körperlichen Problemen, denen besondere Aufmerksamkeit gewidmet werden muß. Vielleicht fehlt es uns auch am nötigen Vertrauen, um erfolgreich in der materiellen Welt zu leben. In diesem Fall können wir uns heilen, indem wir uns neue Kenntnisse und Fähigkeiten aneignen.

Es gibt keinen einheitlichen Weg für unseren Heilungsprozeß. Jeder Mensch ist anders und folgt einem einzigartigen Entwicklungspfad. Wir können uns nacheinander, in beliebiger Reihenfolge, der Entwicklung aller vier Seinsaspekte widmen, oder aber allen vieren gleichzeitig. Das Leben selbst führt uns durch diesen Prozeß.

Ich wurde zum Beispiel in einer sehr intellektuellen und gebildeten Familie geboren, wo der mentale Aspekt des Lebens eine hohe Wertschätzung erfuhr. Daher entwickelte ich die mentale Ebene meines Daseins schon sehr früh im Leben. Ich war eine gute Schülerin und las leidenschaftlich gern. Meine Eltern waren Atheisten, so daß ich nur sehr wenig mit dem spirituellen Aspekt des Lebens in Berührung kam. Da ich ohne religiöse Überzeugungen und Dogmen aufwuchs, begann ich, nach dem tieferen Sinn und Zweck meines Lebens zu suchen, was mich zum Studium von Psychologie und Philosophie führte.

Auf dem College wurde mir bewußt, daß ich zu intellektuell und mein Leben daher unausgewogen war. Das einzige Seminar dort, das mir wirklich Freude machte, war mein Tanzkurs, wo ich Gelegenheit hatte, einmal nicht im Kopf zu sein, sondern meinen Körper zu erfahren. Schließlich wechselte ich auf ein anderes College und belegte dort Tanzen als Hauptfach. Auch begann ich, regelmäßig Hatha-Yoga zu praktizieren. In jener Phase widmete ich mich intensiv der Entwicklung meines physischen Seinsaspektes.

Später veranlaßte mein Streben nach Bewußtheit mich, Meditationstechniken zu erlernen, in Indien und der ganzen Welt umherzureisen, viele metaphysische Bücher zu lesen und an Seminaren teilzunehmen, die sich mit persönlichem Wachstum befaßten. Während jener Zeit konzentrierte ich mich hauptsächlich darauf, den spirituellen Aspekt meines Lebens zu entwickeln und die Verbindung zu meiner Seele wiederherzustellen. Auch wuchsen mein Vertrauen und die Bereitschaft, meiner inneren intuitiven Führung zu folgen. In dieser Phase schrieb ich meine ersten beiden Bücher: *Gesund denken. Kreativ visualisieren* und *Leben im Licht.*

Nach einigen Jahren voller wunderbarer Erfolge in meiner Arbeit wurde mir klar, daß ich mit meinen Beziehungen zu anderen Menschen nicht wirklich glücklich und zufrieden war. Ich sehnte mich nach größerer Nähe und Vertrautheit in allen meinen Beziehungen, und ganz besonders wünschte ich mir, den Mann zu finden, mit dem ich mein Leben teilen wollte. Das führte zu einer mehrere Jahre dauernden Phase, in der ich mich darauf konzentrierte, eine tiefe emotionale Heilung zu erreichen. Ich löste mich von alten, unbefriedigenden Verhaltensmustern und lernte, auf gesündere Weise Liebe zu geben und zu empfangen. Zu meiner großen Freude kann ich berichten, daß es heute in meinem Leben eine Menge Nähe und Vertrautheit gibt und daß ich mit einem wunderbaren, liebevollen Mann verheiratet bin. (Aber über diese Geschichte müßte ich ein eigenes Buch schreiben!)

Gegenwärtig arbeite ich in meinem Leben auf allen vier Ebenen. Manchmal muß ich einer Ebene vorübergehend größere Aufmerksamkeit widmen, aber zumeist arbeite ich daran, sie alle immer mehr zu harmonisieren und ins Gleichgewicht zu bringen. Täglich meditiere ich und höre auf meine innere spirituelle Führung, und meine Arbeit gibt mir ständige mentale Herausforderung und Anregung. Ab und zu begebe ich mich in Therapie, um an den tieferen Ebenen meiner emotionalen Heilung zu arbeiten, und ich achte darauf, mich körperlich in Form zu halten, ernähre mich gesund und gönne mir regelmäßige Massagen.

Jeder von uns folgt auf dieser Reise seinem ganz persönlichen Pfad. Wir alle befinden uns auf einer Evolutionsreise, doch die meisten von uns werden sich dessen erst bewußt, wenn sie in einer Phase des Erwachens erkennen, daß das Leben eine Schule ist und wir alle Teilnehmer an einem Wachstums- und Lernprozeß sind.

Dieses Erwachen kann sich nur auf einer oder auf allen vier Ebenen zugleich ereignen. Jemand hat vielleicht eine spontane mystische Erfahrung oder ein Nahtoderlebnis, durch das plötzlich Interesse für die spirituelle Dimension der Existenz geweckt wird. Bei einem anderen könnte der Heilungsprozeß auf der emotionalen Ebene einsetzen, wenn er sich wegen einer Scheidung oder einer anderen Krise in psychologische Beratung begibt und so neue Einsichten über den emotionalen Aspekt seines Lebens gewinnt. Ein anderer Mensch mag auf der mentalen Ebene »aufwachen«, etwa durch die Lektüre eines besonders faszinierenden Buches. Bei vielen Menschen beginnt das Erwachen auf der körperlichen Ebene, ausgelöst durch eine gesundheitliche Krise, ein Suchtproblem oder einfach durch den Wunsch, gesünder und harmonischer zu leben. Der bewußte persönliche Wachstumsprozeß kann von jeder Ebene ausgehen.

Wenn wir einen der vier Aspekte entwickelt haben, führt das Leben uns dahin, einen anderen Aspekt zu erkunden. Manchmal arbeiten wir auch auf zwei, drei oder allen vier Ebenen gleichzeitig. Die vier Ebenen stehen untereinander in Beziehung, und die Arbeit, die wir auf einer Ebene tun, wirkt sich auch auf die anderen aus.

Viele Menschen fühlen sich von einer oder zwei der vier Ebenen besonders angezogen und neigen dazu, ihre Aufmerksamkeit vor allem auf diesen Bereich zu richten. Eine meiner Bekannten ist beispielsweise Leistungssportlerin. Sie konzentriert sich vor allem auf ihre körperliche Entwicklung. Ein befreundeter Handwerker ist neben seiner Arbeit ein begeisterter Koch. Auch bei ihm liegt die Aufmerksamkeit vor allem auf der physischen Ebene.

Mein Vater war der klassische »zerstreute Professor«. Seine Aufmerksamkeit war die meiste Zeit über auf sehr abstrakte mentale Fragestellungen gerichtet, so daß er mitunter seine körperlichen Bedürfnisse und seine Umgebung völlig vergaß.

Ich kenne mehrere Menschen, die sich sehr stark zu einem stillen, kontemplativen Lebensstil hingezogen fühlen. Der spirituelle Lebensaspekt ist ihr primärer Entwicklungsbereich.

Meine Freundin Judy ist eine hingebungsvolle Ehefrau und Mutter, die sich vor allem darauf konzentriert, gut für ihre Familie zu sorgen (emotionale Ebene) und den Haushalt zu führen (physische, materielle Ebene). Dabei findet sie Erfüllung und ist sehr zufrieden.

Ich kenne einen erfolgreichen Geschäftsmann, der seine ganze Zeit und Energie darauf zu verwenden scheint, seine Firma zu leiten und Geld zu verdienen, wofür er eine Kombination seiner mentalen und physischen Aspekte einsetzt.

Manchen Menschen ist es bestimmt, nur eine oder zwei Ebenen besonders zu entwickeln. Wir alle haben Bereiche, die stärker entwickelt sind, aber die meisten von uns müssen, um wahre Erfüllung zu finden, alle vier Ebenen entwickeln und in Harmonie bringen, wenigstens bis zu einem gewissen Grad. Andernfalls stellen sich irgendwann Gefühle von Leere, Blockiertheit, Frustration oder Sehnsucht ein.

Wenn wir uns beispielsweise sehr um unsere spirituelle und mentale Entwicklung gekümmert, die emotionale und die physische Ebene aber ignoriert haben, ist es gut möglich, daß wir zwar wunderbare Ideen und großartige Visionen haben, doch daß es uns schwerfällt, unseren Lebensunterhalt zu verdienen, den richtigen Partner zu finden oder uns körperlich gesund zu erhalten. Ein Mensch, der körperlich sehr gut entwickelt ist, aber die emotionale und mentale Ebene vernachlässigt, ist vielleicht stark und gesund, doch es fällt ihm schwer, Gedanken und Gefühle auszudrücken.

Für ein zufriedenes und erfülltes Leben ist es wichtig, daß wir uns alle Bereiche unseres Lebens, in denen wir nicht im Gleichgewicht sind, ehrlich anschauen und konkrete Schritte unternehmen, um jene Aspekte unserer Persönlichkeit zu entwickeln, die wir noch nicht erforscht oder voll zum Ausdruck gebracht haben.

Heilung und Ausgewogenheit in die Welt bringen

Außerdem ist es wichtig, daß wir uns bewußtmachen, wo unsere Kultur auf der kollektiven Ebene aus dem Gleichgewicht geraten ist. Unsere moderne westliche Kultur hat sich intensiv darauf konzentriert, die mentale und die physische, materielle Ebene zu entwickeln. Die Folge davon ist, daß wir eine erstaunliche Technologie geschaffen haben und viele unglaubliche Fortschritte auf der materiellen Ebene vorweisen können. Die spirituelle und die emotionale

Ebene haben wir dagegen in großem Maße verleugnet. Dadurch ist das Gleichgewicht unserer ganzen Welt gefährlich gestört, und wir sind auf allen Ebenen mit gewaltigen Problemen konfrontiert.

Spirituell mangelt es unserer Kultur an einem Gefühl von Sinn und Bestimmung. Wir haben unsere Verbindung zur Natur und das Gespür für unsere Wechselbeziehung zu den anderen Lebewesen verloren. Diese spirituelle Leere ist die Wurzel der meisten unserer sozialen, politischen und ökologischen Krisen.

Auf der mentalen Ebene sind uns viele der alten Vorstellungen und Werte, an denen wir immer noch festhalten, nicht länger dienlich. Die politischen, wirtschaftlichen und religiösen Doktrinen, nach denen wir unser Leben ausrichten, funktionieren längst nicht mehr. Unsere starke Technologie-Fixiertheit hat uns, obschon sie in vielen Bereichen sehr produktiv war, den Kontakt zu unserem Herzen und unserer Seele verlieren lassen.

Emotional haben wir unseren Sinn für die Familie und das gemeinschaftliche Leben verloren sowie unser Gefühl, Teil eines Ganzen zu sein. Daher erleben wir ernste soziale und emotionale Krisen – Alkoholismus, Drogensucht, Depression, Entfremdung und Gewalt.

Physisch-materiell ist unser Planet übervölkert und verschmutzt, und unsere natürlichen Ressourcen werden rapide aufgebraucht und zerstört.

Da wir alle am kollektiven Bewußtsein der Menschheit teilhaben, überträgt sich jede Heilarbeit, die wir individuell tun, auf das Massenbewußtsein. So trägt jeder Entwicklungsschritt, den wir als einzelne gehen, zur Evolution der Menschheit bei. Daher ist es offensichtlich sehr wichtig, daß wir daran arbeiten, die vier Ebenen in uns zu entwickeln und zu harmonisieren, nicht nur zu unserem persönlichen Wohl, sondern als Beitrag zur Heilung unseres Planeten.

Bei dieser Arbeit sollten Sie stets daran denken, daß alle vier Ebenen des Lebens eng verbunden sind und sich gegenseitig beeinflussen. Wenn wir eine Ebene heilen, fördern wir damit zugleich die Entwicklung der anderen Ebenen. Wenn wir unsere spirituelle Verbundenheit stärken, empfangen wir dadurch die Inspiration und den Mut, die wir brauchen, um uns auf einen tiefgehenden emotionalen Heilungsprozeß einzulassen. Während wir unsere emotionale Heilarbeit tun, setzen wir blockierte Energien frei, wodurch die mentale und die körperliche Ebene ebenfalls gereinigt werden. Je mehr wir uns um ein harmonisches Verhältnis zu unserem Körper bemühen, desto mehr Energie steht uns auf allen Ebenen zur Verfügung.

Wir können auf jeder Ebene mit dem Prozeß beginnen und die verschiedenen Bereiche zu unterschiedlichen Zeiten unseres Lebens erforschen. Das eigentliche Ziel besteht darin, alle vier Ebenen zu integrieren. Dadurch bringen wir Harmonie und Heilung in unser persönliches Leben und helfen gleichzeitig dabei mit, die Welt zu heilen und ins Gleichgewicht zu bringen.

Übung: Einschätzung der vier Ebenen

Nehmen Sie sich ein paar Minuten Zeit, um darüber nachzudenken, welche der vier Aspekte Sie entwickelt haben und welche noch mehr Heilung und Ausdruck benötigen.

Physisch: Sind Sie körperlich gesund und aktiv? Mögen Sie Ihren Körper, und fühlen Sie sich wohl in Ihrer Haut? Haben Sie Freude an Ihrer Sexualität? Fühlen Sie sich in der materiellen Welt gut aufgehoben? Stehen Sie mit beiden Beinen fest auf der Erde, kommen gut mit praktischen Herausforderungen zurecht und leben in gesicherten finanziellen Verhältnissen?

Emotional: Sind Sie in Kontakt mit Ihren Gefühlen und in der Lage, sie auf angemessene Weise zum Ausdruck zu bringen? Gestatten Sie es sich, die ganze Bandbreite der Emotionen zu erleben – Angst, Traurigkeit und Wut ebenso wie Liebe und Freude –, oder finden Sie bestimmte Emotionen nicht in Ordnung? Sind Sie in der Lage, im Umgang mit anderen Menschen angemessene Grenzen zu ziehen? Können Sie Nähe und Vertrautheit herstellen und zulassen?

Mental: Sind Sie mit Ihren intellektuellen Fähigkeiten zufrieden? Können Sie klar denken, und sind Sie mit Ihrem sprachlichen Ausdrucksvermögen zufrieden? Verfügen Sie über ein System von unterstützenden, hilfreichen Glaubenssätzen? Sind Sie offen für neue Ideen, ohne andererseits zu leicht beeindruckbar zu sein?

Spirituell: Spüren Sie Ihre Verbundenheit zu Ihrer spirituellen Quelle? Sind Sie in der Lage, Zeit in der Stille zu verbringen und einfach nur »zu sein«? Stehen Sie in Kontakt mit Ihrer inneren Weisheit oder intuitiven Führung? Erleben Sie Augenblicke, in denen Sie sich mit allem eins fühlen oder als Teil eines größeren Ganzen?

Vielleicht stellen Sie fest, daß einer oder zwei dieser Bereiche gegenwärtig Ihrer besonderen Aufmerksamkeit bedürfen. Es ist aber auch gut möglich, daß alle vier Aspekte ein wenig bewußte Entwicklungsarbeit vertragen können. Natürlich können Sie auch zu dem Ergebnis kommen, daß Sie auf allen Ebenen bereits sehr gut entwickelt und im Gleichgewicht sind.

Notieren Sie, wenn Sie möchten, die Antworten zu diesen Fragen, und schreiben Sie auf, wie Sie die vier Ebenen gegenwärtig in Ihrem Leben erfahren. Notieren Sie alle Schritte, die Ihnen einfallen, um Weiterentwicklung und Harmonisierung zu erreichen. Achten Sie auch auf Widerstände, die sich in den vier Bereichen bemerkbar machen.

ZWEITES KAPITEL

Heilung auf der spirituellen Ebene

Viele Menschen in der modernen westlichen Welt fühlen sich abgeschnitten von ihrer spirituellen Quelle. In ihrem einseitigen Streben nach intellektueller und materieller Entwicklung hat unsere Kultur offenbar den Kontakt zur spirituellen Dimension des Lebens verloren.

Wenn wir als einzelne nicht in Verbindung mit unserem Wesenskern und dem universellen Geist stehen, fühlen wir uns leer, verloren und allein. Wir fühlen uns nicht mehr dem Universum zugehörig. Unserem Leben mangelt es an einem eigentlich völlig natürlichen Gefühl für Sinn und Bestimmung.

Unbewußt versuchen wir, diese Leere auf vielerlei Weise auszufüllen. Wir streben nach Geld, Macht und Erfolg oder hoffen, daß der perfekte Partner uns Glück und Erfüllung bringen wird. Wir können Suchtverhalten entwickeln und Essen, Alkohol, Drogen, Arbeit, Sex, Einkaufen oder Spielen dazu benutzen, vor der inneren Leere und dem Schmerz zu fliehen. Früher oder später entdecken wir, daß keine dieser Methoden einen Mangel ausgleichen kann, der letztlich spiritueller Natur ist.

Wie ich bereits im vorigen Kapitel schrieb, ist dieser Mangel an spiritueller Verbundenheit Ursache vieler unserer sozialen und kulturellen Krankheiten und persönlichen Probleme. Als Kultur benehmen wir uns so, als wären wir allein auf der Welt, ohne Bezug zu denen, die vor uns gelebt haben, und denen, die nach uns kommen werden, ja selbst ohne Bezug zu den anderen Kulturen und Lebewesen, die sich gegenwärtig den Planeten mit uns teilen. Suchtkrankheiten, Gewalt und unsere anderen sozialen Leiden sind

Symptome einer tiefen spirituellen und emotionalen Entfremdung.

In diesen äußeren Problemen spiegeln sich die persönlichen Konflikte, mit denen wir alle konfrontiert sind. Da das kollektive Bewußtsein sich aus dem der einzelnen Menschen zusammensetzt, lassen sich die kollektiven Probleme nur lösen, wenn wir als einzelne die Verantwortung dafür übernehmen, uns selbst auf allen Ebenen zu heilen. Wir können nicht erwarten, sinnvolle Lösungen für unsere gesellschaftlichen Probleme zu finden, wenn wir nicht willens sind, zugleich an unserer persönlichen Heilung zu arbeiten.

Unsere eigene Bewußtseinsarbeit kann eine große Herausforderung sein; manchmal mag es leichter erscheinen, sich um scheinbar »äußere« Probleme zu kümmern. Solch äußeres Engagement kann ein wichtiger Teil des Weges sein, aber wirkliche und dauerhafte Heilung kann nur aus der Tiefe unseres eigenen Wesens kommen.

Ich habe die Heilung der spirituellen Ebene

an erste Stelle gesetzt, weil sie das Fundament unseres Heilungsprozesses ist. Spirituelle Heilung stellt sich ein, wenn wir Wege finden, um eine bewußte Verbindung zu unserem Wesenskern aufzunehmen – jener weisen, liebevollen, mächtigen und schöpferischen Energie, die unser wahres Wesen ist.

Durch diese Verbindung zu unserem spirituellen Wesenskern erfahren wir ein neues Einssein mit allen Lebewesen und der Natur. Dadurch entsteht ein Gefühl der Sicherheit, des Vertrauens und der Erfüllung. Wir spüren, wohin wir gehören. Wir versuchen nicht länger vergeblich, unsere Sehnsucht nach Ganzheit durch äußere Dinge zu befriedigen, sondern erleben, wie unsere innere Leere von einer Quelle in uns selbst aufgefüllt wird.

Dieser Kontakt mit unserer spirituellen Dimension verhilft uns zu einer erweiterten Lebensperspektive, als Individuen ebenso wie als Teil der Menschheit. Statt in den täglichen Frustrationen und Kämpfen unserer Persönlichkeit gefangen zu sein, können wir die Dinge aus der Perspektive der Seele sehen. Das versetzt uns in die Lage, das größere Bild unseres Lebens hier auf der Erde zu erkennen. Wir verstehen besser, warum wir hier sind und was unsere Bestimmung und Aufgabe ist.

Ohne die Fähigkeit, eine innere spirituelle Verbindung herzustellen, kann es sehr schwierig oder gar unmöglich sein, die Inspiration, Einsicht und Kraft aufzubringen, die nötig sind, um uns den Schwierigkeiten und Herausforderungen des Heilungsprozesses auf den anderen Ebenen zu stellen.

Wie geschieht eine spirituelle Heilung? Für manche Menschen beginnt sie sehr plötzlich und überraschend mit einer spontanen mystischen Erfahrung, etwa einem Nahtoderlebnis, einer Vision oder einem außergewöhnlichen Traum. Oft kommt es in Zeiten intensiver körperlicher oder emotionaler Krisen zu einem spirituellen Erwachen, wenn andere, nebensächliche Beschäftigungen plötzlich unwichtig werden und man mit einer wirklich tiefgreifenden Erfahrung konfrontiert wird. Viele Suchtkranke finden in Momenten tiefer Verzweiflung den Weg zu ihrer inneren höheren Macht. Häufig ist eine schwere Krankheit des Betreffenden selbst oder eines nahen Angehörigen der Auslöser, den Kontakt zur spirituellen Dimension zu suchen. Die Geburt eines Kindes kann bei den Eltern eine neue Bewußtheit für das Wunder des Lebens bewirken. Auch der Aufenthalt an einem friedlichen, stillen Ort und eine Zeit tiefer Ruhe können mitunter eine spirituelle Erfahrung auslösen.

Bei vielen von uns findet das spirituelle Erwachen nicht plötzlich oder spontan statt, sondern ist etwas, das wir herbeisehnen und durch eine spirituelle Praxis, etwa regelmäßiges Meditieren oder Beten, bewußt kultivieren. Unsere spirituelle Verbindung entwickelt sich dann allmählich im Lauf vieler Jahre.

Zu allen Zeiten haben Menschen bewußtseinsverändernde Substanzen benutzt, um Zugang zur spirituellen Dimension zu erlangen. In meiner Generation erlebten viele Menschen ihren ersten spirituellen Durchbruch unter Einfluß von Marihuana, LSD oder anderen Drogen.

Die Einnahme von Drogen kann zwar ein kraftvoller, effektiver Zugang zu erweiterten Bewußtseinszuständen sein, doch man setzt sich damit erheblichen Gefahren aus. Die wirkliche Herausforderung besteht darin, nach einem anfänglichen, durch Drogenkonsum ausgelösten spirituellen Erlebnis zu einer spirituellen Praxis zu gelangen, die ohne dieses äußere Hilfsmittel auskommt. Leider ist die Versuchung groß, die Droge weiterhin als Krücke zu benutzen, was zu Abhängigkeit und Sucht führt. So verliert man seine Seele immer mehr, statt sie zu finden.

Wie können wir unsere spirituelle Heilung und Entwicklung am besten fördern? Durch jede Aktivität oder Erfahrung, die unserer Seele Nahrung gibt. Wir müssen herausfinden, was uns in dieser Hinsicht wirklich guttut.

Immer wenn wir unsere Aufmerksamkeit, Bewußtheit und Energie ganz auf unsere persönliche

Gegenwart richten, öffnet sich unser Kanal in die spirituelle Dimension, und wir erfahren Verbundenheit, Einssein und Harmonie. Immer wenn wir aus dem Herzen handeln, nährt uns das spirituell.

Unsere westliche Kultur legt großes Gewicht auf das »Tun«. Man bringt uns bei, daß wir so aktiv, konzentriert und produktiv wie möglich sein sollen. Die meisten von uns fühlen sich schuldig, wenn sie einmal keiner produktiven körperlichen oder mentalen Aktivität nachgehen. Wir fürchten, wir würden unsere kostbare Zeit verschwenden, wenn wir keine äußerlich greifbaren Resultate hervorbringen.

Auch wenn wir uns entspannen wollen, glauben wir oft, ständige Unterhaltung zu brauchen, und vertreiben uns die Zeit mit Radiohören, Fernsehen oder anderen Zerstreuungen.

Der Erfahrung einfachen, reinen »Seins« wird nur sehr wenig Wert beigemessen. Bewußtes Nichtstun wird eher als ein Mangel betrachtet statt als etwas in sich Positives. Doch »Sein« ist so wichtig wie »Tun«. Daß wir dies nicht verstehen, ist eine der wichtigsten Ursachen für unsere heutigen Probleme.

Bewußtes Nichtstun, Zeiten, in denen wir einfach nur »sind«, ermöglichen es uns, unsere Batterien aufzuladen und uns zu erholen. Wir können unsere Aufmerksamkeit von der Außenwelt abziehen und uns bewußt nach innen wenden. So finden wir Zugang zu unseren tieferen Dimensionen. Wenn wir eine tiefe spirituelle Verbindung herstellen wollen, ist es unerläßlich, daß wir das Reich des Seins betreten.

Wir bringen spirituelle Heilung in unser Leben, wenn wir regelmäßig mit diesen tieferen Aspekten unseres Wesens Verbindung aufnehmen. Dazu ist es notwendig, daß wir eine Form der spirituellen Übung finden, die uns zusagt und der wir uns regelmäßig widmen.

Eine geeignete spirituelle Praxis finden

Für manche Menschen besteht die geeignetste Form spiritueller Übung darin, regelmäßig im

Sitzen zu meditieren, allein oder in einer Gruppe. Andere besuchen vielleicht Gottesdienste oder widmen sich sonstigen von ihnen als inspirierend empfundenen Aktivitäten. Spirituelle Übungen müssen nicht in einem traditionellen Sinn religiös sein. Alle Aktivitäten oder Rituale, die uns helfen, wenigstens für kurze Zeit unseren spirituellen Wesenskern zu erfahren, sind hilfreich.

Viele Menschen finden ihre spirituelle Verbindung vor allem durch den Kontakt mit der Natur, oft ohne sich dessen bewußt zu sein. Sie spüren einfach, daß sie sich gerne draußen in der Natur aufhalten, daß sie sich dort inspiriert, friedlich und »high« fühlen. Sie fühlen sich von bestimmten Aktivitäten im Freien angezogen und auf eine Weise belebt, die über das einfache körperliche und emotionale Vergnügen weit hinausgeht.

Die natürliche Welt ist erfüllt von Lebensenergie. Je weniger besiedelt oder entwickelt ein Gebiet ist, desto kraftvoller ist diese Energie dort. Zeit draußen in der freien Natur zu verbringen stärkt unsere Verbindung zu unserer eigenen inneren Natur. Falls Sie in der Stadt leben, kann schon ein simpler Spaziergang im Park einen spirituellen Energieschub bewirken. Im Wald oder in den Bergen wandern, still an einem Flußufer sitzen, im Meer schwimmen oder am Strand entlangspazieren, das alles besitzt eine tiefe spirituelle Heilkraft.

Oft, wenn wir hinaus in die Natur gehen, sind wir in Gesellschaft und reden die ganze Zeit. Das mag in mancher Hinsicht angenehm und schön sein (weil es vielleicht unsere emotionalen und mentalen Bedürfnisse befriedigt), kann aber bewirken, daß uns der spirituelle Aspekt der Erfahrung entgeht. Wenn der Aufenthalt in der Natur für Sie eine spirituelle Qualität hat, sollten Sie öfter allein wandern oder spazierengehen. Wenn Sie mit anderen wandern, sollten Sie sich vielleicht unterwegs für eine Weile allein in die Stille zurückziehen oder anregen, daß alle gemeinsam die Stille erfahren.

Zwar verbinden wir spirituelle Übungen häufig mit Schweigen und Ruhe, doch sie lassen sich auch mit Bewegung kombinieren. Tatsächlich spüren viele Menschen ihre spirituelle Verbindung vor allem bei körperlichen Aktivitäten wie Laufen, Radfahren oder Tanzen. Wenn Sie ein geistig oder körperlich sehr aktiver Mensch sind und es Ihnen schwerfällt, genug innere Ruhe für das Meditieren im Sitzen aufzubringen, sollten Sie unbedingt einmal eine Bewegungsmeditation versuchen. Eine der besten, die ich kenne, ist die von Gabrielle Roth entwickelte Meditation mit den fünf Rhythmen des Lebens. Diese fünf Tanz-Rhythmen bilden ein Wellenmuster – man beginnt fließend, dann baut sich ein Stakkato auf, das sich zum Chaos steigert, gefolgt von einer hellen, lyrischen Phase, die in die Ruhe übergeht. (Weitere Informationen finden Sie im Literaturverzeichnis.)

Suchen Sie sich eine körperliche Aktivität, die Ihnen Freude macht, und widmen Sie ihr Ihre ganze Energie und Aufmerksamkeit. Ab einem gewissen Punkt wird sich das Gefühl einstellen, »im Fluß« zu sein, von einer höheren Kraft bewegt zu werden. Dann fühlt man sich eins mit allem Leben und spürt eine große Ruhe, Inspiration und Klarheit. Es ist gut möglich, daß Sie nach einer intensiven körperlichen Aktivität anschließend in der Lage sind, sich völlig zu entspannen und eine stille Meditationsform zu genießen.

Kreativer Selbstausdruck kann ebenfalls eine Form der spirituellen Praxis sein. Viele Menschen stellen den Kontakt zu ihrem tieferen Selbst her, indem sie zeichnen, malen, Skulpturen herstellen, töpfern, schreiben, singen, Musik machen oder tanzen. Wenn Sie sich zu einer dieser kreativen Ausdrucksformen hingezogen fühlen, sollten Sie sich unbedingt darin versuchen. Denken Sie daran, daß Sie es zu Ihrer eigenen Erfüllung und Befriedigung tun, so daß es keine Rolle spielt, ob Sie »gut« sind und die Ergebnisse irgendwelchen äußeren Kriterien genügen. Sie brauchen Ihre Kunstwerke ja niemandem zu zeigen, wenn Sie sich damit wohler fühlen.

Drei ausgezeichnete Bücher zur Entfaltung der eigenen Kreativität sind *Write from the Heart* von Hal Bennett, *Der Weg des Künstlers* von Julia Cameron und *Life, Paint and Passion* von Michelle Cassou und Stewart Cubley (siehe Literaturverzeichnis).

Alles, was wir tun, läßt sich zu einer spirituellen Übung machen, wenn wir es mit voller Aufmerksamkeit tun, so daß wir dabei ganz gegenwärtig und in Verbindung mit uns selbst sind. Putzen, Geschirrspülen, Schneeräumen, der Spaziergang mit dem Hund oder jede andere alltägliche Aktivität kann zu einer tief entspannenden oder belebenden Erfahrung werden, wenn wir uns dabei darin üben, uns voll auf die Gegenwart zu konzentrieren.

Hier sind weitere Vorschläge für tägliche oder wöchentliche Rituale, die ein fester Bestandteil Ihrer spirituellen Praxis werden können:

- Richten Sie nach dem Aufwachen oder auch zwischendurch während des Tages Ihre Aufmerksamkeit kurz nach innen und bitten Sie um innere Führung.
- Beginnen oder beenden Sie den Tag mit ein paar Minuten Yoga, Tai Chi oder einer anderen zugleich körperlichen und spirituellen Disziplin.
- Verbringen Sie vor den Mahlzeiten einen kurzen Moment im Gebet oder in stiller Dankbarkeit.
- Gönnen Sie sich morgens eine kalte, erfrischende Dusche.
- Baden Sie abends bei Kerzenlicht.
- Machen Sie sich, wenn Sie Ihre Pflanzen gießen, bewußt, daß Sie ihnen physische Nahrung geben und dafür von ihnen Schönheit und spirituelle Nahrung zurückerhalten.

Einer meiner Freunde legt in jeder Woche einen Schweigetag ein. Alle wissen, daß das sein Ruhetag ist – der Tag, an dem er seine Stimme, seinen

Geist und seinen Körper ausruhen läßt und auf seine innere Führung lauscht. Wenn Sie dafür keinen ganzen Tag zur Verfügung haben, beginnen Sie mit ein oder zwei Stunden am späten Nachmittag oder abends, die Sie ganz für sich haben, ohne äußere Ablenkungen – ohne Telefon, ohne Fernsehen, ohne Besuch und familiäre Verpflichtungen.

Eine meiner Freundinnen gehört keiner organisierten Religion an, nimmt sich aber sonntags Zeit, ganz auf ihre eigenen Bedürfnisse zu achten, frei von äußeren Zwängen und Anforderungen. So regeneriert sie ihr inneres Selbst und bereitet sich auf ihre terminreiche Arbeitswoche vor.

Ich kenne einen Musiker, der sich jeden Tag vor dem Üben einen Moment Zeit nimmt, seiner spirituellen Quelle dafür zu danken, daß ihm eine schöne Stimme und die Fähigkeit, Musik zu machen, geschenkt wurden.

Meine wichtigste spirituelle Übung besteht darin, mich täglich auf meine intuitive innere Führung einzustimmen, ihr zu vertrauen und dementsprechend zu handeln, in jedem Augenblick meines Lebens. Eine ausführlichere Erläuterung dieser Übung finden Sie in meinem Buch *Leben im Licht.*

Manche Menschen benutzen auch Orakel wie das *I Ging* oder das *Tarot*, um mit ihrer inneren Weisheit in Kontakt zu treten.

Nehmen Sie die Methode, die bei Ihnen am besten funktioniert! Sorgen Sie einfach dafür, daß spirituelle Inspiration und Energiezufuhr in irgendeiner Form regelmäßiger Bestandteil Ihres Lebens sind. Eine regelmäßige spirituelle Übung wirkt sich heilend und stärkend auf alle Ebenen Ihres Seins aus – auf den Körper, die Emotionen, den Verstand und die Seele.

Übung: Meditation, um Verbindung mit der inneren Führung aufzunehmen

Beim Meditieren geht es darum, sich Zeit zu nehmen, um sich der eigenen Gedanken, Gefühle und Körperempfindungen bewußt zu werden. Das ermöglicht es uns, eine tiefere Ebene zu erreichen, wo wir mit unserem spirituellen Wesenskern in Kontakt treten können.

Hier ist eine einfache Meditation, die Sie, wenn Sie wollen, zu einer regelmäßigen spirituellen Übung machen können. Ich schlage vor, daß Sie sich den Text zunächst in Ruhe durchlesen, ehe Sie beginnen.

Suchen Sie sich einen Ort, den Sie zu Ihrem spirituellen Refugium machen können. Wählen Sie einen Ort in Ihrem Haus oder in der Nähe, so daß er für Sie leicht erreichbar ist. Es ist sehr schön, wenn dieser Ort sich im Freien befindet, umgeben von natürlicher Schönheit, aber vor allem sollte er ruhig, friedlich und in jeder Hinsicht so beschaffen sein, daß Sie sich dort wohl fühlen. Es könnte eine Stelle in Ihrem Garten sein, ein Zimmer Ihres Hauses oder auch nur die Ecke eines Zimmers. Benutzen Sie dort einen Stuhl, ein Kissen oder eine Decke, die ausschließlich der Meditation vorbehalten sind. Sorgen Sie dafür, daß Sie für mindestens fünfzehn Minuten ungestört sind.

Setzen oder legen Sie sich bequem hin. Wenn Sie sich hinlegen, ist es am besten, flach auf dem Rücken zu liegen, eventuell mit einem Kissen unter den Knien, wenn das für Sie angenehmer ist. Wenn Sie sitzen, sollte Ihr Rücken möglichst gerade sein, von der Stuhllehne gestützt. Stellen Sie die Füße flach auf den Boden. Wenn Ihre Wirbelsäule gerade aufgerichtet und Ihr Körper gut abgestützt ist, können Sie sich viel leichter entspannen, und die Energie kann freier in Ihnen fließen.

Wenn Sie es sich bequem gemacht haben, schließen Sie die Augen und beginnen Sie, sich zu entspannen. Atmen Sie ein paarmal tief durch, füllen Sie Ihre Lungen mit Luft. Stellen Sie sich beim Ausatmen vor, wie Ihr ganzer Körper sich entspannt.

Atmen Sie weiter tief durch, und entspannen Sie mit jedem Ausatmen Ihren Körper immer mehr. Konzentrieren Sie sich für ein paar Minuten darauf, einzuatmen und sich beim Ausatmen zu entspannen.

Lassen Sie Ihre Aufmerksamkeit vom Kopf bis zu den Zehen durch Ihren Körper wandern, und achten Sie darauf, ob es Stellen gibt, die sich angespannt oder verkrampft anfühlen. Konzentrieren Sie sich auf diese Stellen, und stellen Sie sich beim langsamen Ausatmen vor, wie alle Anspannung oder überschüssige Energie aus Ihrem Körper herausfließt. Stellen Sie sich vor, wie die betreffende Stelle sich entspannt. Nehmen Sie einen weiteren tiefen Atemzug, und stellen Sie sich beim Ausatmen vor, daß Ihr ganzer Körper tief entspannt ist und die Energie frei in ihm zirkuliert.

Nehmen Sie nun erneut einen tiefen Atemzug, und entspannen Sie beim Ausatmen

Ihren Verstand. Lassen Sie Ihre Gedanken davontreiben wie Wolken am Himmel. Wenn ein neuer Gedanke auftaucht, nehmen Sie ihn zur Kenntnis und lassen ihn dann davonziehen. Lassen Sie ihn wegschweben wie eine Wolke. Wenn der nächste Gedanke auftaucht, nehmen Sie ihn ebenfalls zur Kenntnis und lassen ihn ziehen. Nehmen Sie alle neuen Gedanken einfach nur zur Kenntnis, und lassen Sie sie dann davonschweben wie Wolken am blauen Himmel. Es gibt im Moment nichts, das Sie geistig festhalten müßten. Sie können alles loslassen. Lassen Sie Ihr Denken immer langsamer werden. Werden Sie ruhig wie das Wasser in einem stillen See oder Teich, so still, daß sich auf der Oberfläche nicht das leiseste Kräuseln zeigt. Denken Sie daran, Ihren Körper zu entspannen und tief zu atmen.

Atmen Sie erneut tief durch und richten Sie beim Ausatmen Ihre Aufmerksamkeit nach innen. Gehen Sie mit jedem Atemzug beim Ausatmen tiefer nach innen, bis Sie an dem stillsten Ort zur Ruhe kommen, den Sie in Ihrem Innern finden können, tief im Zentrum Ihres Seins. Ruhen Sie sich dann an diesem friedlichen Ort aus, wo Sie nichts tun und nirgendwo hingehen müssen. Hier können Sie einfach nur in der Stille sein.

Jeder von uns besitzt eine natürliche Verbindung zu seinem spirituellen Wesenskern. An diesem friedlichen Ort in unserem Inneren können wir in Kontakt mit unserer spirituellen Weisheit treten. Sie ist nicht von uns getrennt. Sie ist der tiefste Teil unseres Menschseins.

Wenn Sie sich innerlich bereit fühlen, fragen Sie, ob Ihre spirituelle Weisheit eine Botschaft für Sie hat, etwas, woran sie Sie erinnern oder was sie Ihnen bewußtmachen möchte. Sitzen Sie dann einfach still da. Beobachten Sie, ob als Antwort auf diese Frage irgendein Gedanke, Gefühl oder Bild in Ihnen aufsteigt.

Vertrauen Sie der Botschaft, wenn sie sich gut und richtig anfühlt. Lassen Sie sich Zeit; machen Sie sich keine Sorgen, wenn Sie die Botschaft nicht sofort verstehen. Bleiben Sie einfach noch eine Weile sitzen.

Wenn Sie ein konkretes Problem oder eine bestimmte Frage haben, etwas, wobei Sie Hilfe benötigen, bitten Sie Ihre spirituelle Weisheit um diese Hilfe. Bleiben Sie dann wieder ruhig sitzen, und achten Sie auf alles, was in Ihnen aufsteigt. Wenn sich momentan keine Botschaft einzustellen scheint, ist das völlig in Ordnung. Akzeptieren Sie es einfach. Seien Sie offen dafür, daß die Antwort später kommen wird, vielleicht in einer anderen Form. Bleiben Sie einfach ruhig sitzen und akzeptieren Sie, was geschieht. Nehmen Sie sich dafür so viel Zeit, wie Sie möchten.

Wenn Sie das Gefühl haben, die Übung nun beenden zu möchten, bedanken Sie sich bei Ihrem spirituellen Wesenskern. Bitten Sie um Beistand bei all Ihren Problemen. Wenn Ihnen danach ist, versprechen Sie, künftig regelmäßig zu einer bestimmten Zeit den Kontakt herzustellen. So können Sie die Verbindung zu Ihrer spirituellen Weisheit kultivieren und lernen, auf die Botschaften Ihrer inneren Führung zu hören.

Werden Sie sich nun wieder Ihres Körpers bewußt, und achten Sie darauf, wie Sie sich jetzt fühlen. Fühlt Ihr Körper sich anders an als vor der Meditation? Werden Sie sich, ohne die Augen zu öffnen, Ihrer Umgebung bewußt. Spüren Sie, was um Sie herum geschieht. Wenn Sie dann bereit dazu sind, öffnen Sie langsam die Augen.

Wenn Sie die Augen öffnen und in die Außenwelt zurückkehren, versuchen Sie, ob Sie das Gefühl der Verbundenheit mit Ihrer inneren Welt aufrechterhalten können. Diese Verbindung nach innen ist wie die Wurzel unseres Lebensbaumes. Wenn wir immer daran denken, daß unsere Wurzeln tief in unsere innere spirituelle Welt reichen, haben wir ein sicheres Fundament für alle Bereiche unseres Lebens.

Strecken und recken Sie zum Abschluß gründlich Ihren Körper. Stehen Sie behutsam auf, und wenden Sie sich wieder Ihren Alltagsaktivitäten zu.

Manchmal kommt es bei dieser Meditation vor, daß es sich so anfühlt, als ob gar nichts geschähe. Oder Sie haben das Gefühl, geradezu besessen von bestimmten Gedanken oder Gefühlen zu sein und sich gar nicht entspannen zu können. Das ist normal und natürlich. Wenn Sie diese Meditation über einen längeren Zeitraum regelmäßig praktizieren, wird es Ihnen allmählich leichter fallen, in einen entspannten, ruhigen Geisteszustand zu gelangen. Falls nicht, sollten Sie sich statt dessen eine Kassette anhören, an einem Meditationsseminar teilnehmen oder es mit anderen spirituellen Übungen versuchen.

Einige Methoden, die helfen können, den für die Meditation erforderlichen Entspannungszustand zu erreichen:

- Konzentrieren Sie sich auf den Atem (im Sitzen ruhig beobachten, wie der Atem durch die Nase ein- und ausströmt).
- Tanzen Sie zu Ihrer Lieblingsmusik, bis Sie ins Schwitzen kommen.
- Konzentrieren Sie sich im Stillsitzen auf eine Blume, eine Kerzenflamme oder einen Klang.
- Singen oder sprechen Sie einen Satz oder ein Wort (ein Mantra), trommeln Sie oder hören Sie ruhige, entspannende Musik.*

---

* Viele einfache und wirkungsvolle Meditationen und spirituelle Übungen finden Sie in dem Buch *Coming Home: The Return to True Self* von Martia Nelson (siehe Literaturverzeichnis).

DRITTES KAPITEL

HEILUNG AUF DER MENTALEN EBENE

Die mentale Ebene unseres Lebens umfaßt unseren Intellekt, unsere Ideen und Glaubenssätze und unsere grundlegende Lebensphilosophie. Um die mentale Ebene klären und heilen zu können, müssen wir uns unserer Denkmuster und der ihnen zugrundeliegenden Glaubenssätze bewußt werden. Wir müssen uns für neue Ideen öffnen und schließlich lernen, bewußt Überzeugungen, Werte und Philosophien auszuwählen, die sinnvoll und der Evolution unseres Bewußtseins dienlich sind.

Wir alle haben uns durch frühe soziale und kulturelle Einflüsse, vor allem in Familie, Schule und Kirche, bestimmte Überzeugungen und Einstellungen zu eigen gemacht. Viele dieser Glaubenssätze sind uns gar nicht bewußt; wir wissen überhaupt nicht, daß wir sie haben. Es ist, als würden wir die Welt durch eine gefärbte Brille sehen, ohne uns darüber im klaren zu sein, daß wir diese Brille tragen. Wir glauben einfach, die Welt hätte nur diese Farbe. Wenn wir uns der Brille bewußt werden, können wir uns dafür entscheiden, sie abzunehmen, und dann sieht die Welt plötzlich ganz anders aus. Wenn wir uns unserer zentralen Glaubenssätze bewußt werden, können wir bezüglich unserer Ideen, Einstellungen und Erwartungen eine bessere Wahl treffen.

Eine wunderschöne, von Deepak Chopra erzählte Geschichte illustriert, wie unsere Glaubenssätze unser Leben beherrschen. Wenn in Indien Elefanten ausgebildet werden, ketten die Trainer anfangs ein Hinterbein des Tieres an einem Baum an. Nach kurzer Zeit hat sich der Elefant so an die Kette gewöhnt, daß er nicht länger versucht, sich zu befreien. Der Trainer verwendet dann immer dünnere Ketten. Schließlich ist der Elefant so auf seine Fessel konditioniert, daß selbst eine ganz dünne Leine um den Fuß ihn vom Weglaufen abhält. Doch es ist ganz sicher nicht die Leine, die ihn fesselt; es ist sein Glaube, angebunden zu sein.

Wie bei dem Elefanten färben auch bei uns unsere Überzeugungen die Art, wie wir die Welt erfahren. Wir neigen dazu, unsere Welt auf der Basis dessen, was wir über uns selbst, andere Menschen und das Leben im allgemeinen glauben, zu deuten und ständig neu zu erschaffen. Wir entwickeln uns jedoch auch weiter und machen neue Erfahrungen, durch die unsere Glaubenssätze in Frage gestellt werden. In jedem Augenblick unseres Lebens findet unaufhörlich eine Anpassung und Weiterentwicklung unserer persönlichen Philosophie statt, ob wir uns dessen bewußt sind oder nicht.

Um sich Ihrer zentralen Glaubenssätze bewußt zu werden, sollten Sie sorgfältig auf Ihre Gedanken achten, besonders auf jene, die sich chronisch wiederholen und Ihnen ständig im Kopf herumgehen. Schreiben Sie, wenn möglich, einige Ihrer ständig auftauchenden Gedanken auf. Das wird Ihnen dabei helfen, sich Klarheit über Ihr gewohnheitsmäßiges Denken zu verschaffen. Mit einem Therapeuten oder einem Freund über diese Gedanken zu sprechen kann Ihnen helfen, sich von alten Glaubenssätzen zu lösen. Wenn Ihnen ein solches ständig wiederkehrendes Denkmuster auffällt, überlegen Sie, welchen Ursprung es hat. Haben Sie es von Ihren Eltern oder einer anderen frühen Bezugsperson übernommen? Gibt es einen zentralen Glaubenssatz, auf dem diese Gedanken beruhen?

Wenn Sie sich Ihrer Denkmuster und der ihnen zugrundeliegenden Glaubenssätze bewußter werden, werden Sie wahrscheinlich feststellen, daß einige davon Ihr persönliches Wachstum und Ihr Wohlbefinden unterstützen, während andere Sie einschränken und davon abhalten, Zufriedenheit und Erfüllung zu erlangen.

Wenn wir uns unserer zentralen Glaubenssätze bewußter werden, lösen sich jene, die uns nicht länger dienlich sind, automatisch auf, und die,

die hilfreich für uns sind, gewinnen an Bedeutung. Am Ende dieses Kapitels finden Sie eine Übung, die Ihnen bei diesem Prozeß helfen kann.

Wenn wir Ausgewogenheit, Integration und Wohlbefinden erleben möchten, muß die mentale Dimension die anderen drei Existenzebenen unterstützen und mit ihnen in Harmonie sein. Wir brauchen eine spirituelle Philosophie, die unseren Horizont möglichst weit macht und unserem Leben Sinn gibt. Um uns selbst lieben zu können, müssen wir unsere Emotionen akzeptieren und verstehen. Und wir müssen wissen, wie wir gut für unseren Körper sorgen können.

Wenn Sie beispielsweise glauben, Ihr Körper sei gegenüber Ihrem spirituellen Selbst minderwertig und verdiene es nicht, gut behandelt zu werden, beschwören Sie damit innere Konflikte und gesundheitliche Probleme herauf. Wenn Sie sich dahingehend umerziehen, daß Sie anerkennen, wie wichtig und wertvoll Ihr Körper ist, und lernen, sich gut um ihn zu kümmern, werden Sie sich insgesamt viel wohler und ausgeglichener fühlen.

Während unsere Bewußtheit wächst, lernen wir ständig neue Ideen, Standpunkte und Philosophien kennen und vergleichen sie mit den uns bereits bekannten. Allmählich lösen wir uns von alten Ideen, die uns zu sehr einschränken, bewahren jene, die uns gute Dienste leisten, und öffnen uns für neue, die unser Leben reicher und tiefer machen und uns seelisch stärken.

Ich glaubte zum Beispiel früher, nur sehr wenig Kontrolle über meine Lebensumstände zu haben, so daß ich mich für ohnmächtig hielt, etwas an ihnen zu verändern. Dann lernte ich jenes Konzept kennen, demzufolge wir selbst darüber bestimmen, wie wir die Wirklichkeit erfahren.* Ich stellte fest, daß diese Idee mein Selbstvertrauen stärkte, und so machte ich sie mir als neuen Glaubenssatz zu eigen. Daraufhin begann ich, die Welt auf eine ganz andere Weise wahrzunehmen, und erkannte, daß ich durchaus

---

* Eine Erläuterung und ausführliche Diskussion dieses Konzeptes finden Sie in meinem Buch *Wege der Wandlung*.

Macht über meine persönlichen Lebensumstände hatte.

Ich wuchs in dem Glauben auf, daß ich mir einen Beruf auswählen und viele Jahre aufs College gehen würde, um dieses Ziel zu erreichen. Doch nach vier Jahren auf dem College und dem ersten akademischen Grad wußte ich noch immer nicht, was ich mit meinem Leben anfangen wollte! Während ich weiter suchte, entdeckte ich eine neue Philosophie, die besagte: Wenn ich nur meiner intuitiven Führung und meinen kreativen Impulsen folge und vertraue, wird sich mein Leben auf interessante und erfüllende Weise entwickeln. Diese neue Grundüberzeugung war für mich die Basis einer faszinierenden und erfolgreichen Karriere – und das, obwohl ich nie wieder ans College zurückging.

Verbreitete Irrtümer

Viele Menschen, insbesondere Anhänger des New Age, haben falsche Vorstellungen über den mentalen Heilungsprozeß. Sie glauben, sie müßten ständig »positives Denken« praktizieren, und benutzen diese Technik, um ihre sogenannten negativen Gedanken zu blockieren. Sie fürchten, ihre negativen Gedanken könnten ihnen schaden. Vielleicht gab es in ihrem Leben eine Phase, in der sie völlig in negativen Gedanken und Gefühlen feststeckten. Nun, wo sie sich besser fühlen, lehnen sie jede Negativität ab, aus Angst, wieder in eine düstere Stimmung abzugleiten. Daher leugnen oder unterdrücken sie sämtliche negativen Gedanken und konzentrieren sich ausschließlich auf die positiven.

Bei manchen Menschen funktioniert das eine Zeitlang ziemlich gut, doch irgendwann kommen all diese geleugneten, unterdrückten Gedanken und Gefühle auf die eine oder andere Weise wieder zum Vorschein. Gedanken sind Energiemuster und verschwinden nicht einfach, nur weil wir es so wollen. Daher stellen viele Menschen, die versuchen, positives Denken zu praktizieren, überrascht fest, daß ihr krampfhaftes

Bemühen, die negativen Gedanken loszuwerden, die Dinge nur noch verschlimmert. Statt die negativen Gedanken und Gefühle damit aufzulösen, verstricken sie sich noch tiefer darin. Daß eine ausschließliche Konzentration auf das Positive zu einem solchen Resultat führt, ist nicht weiter verwunderlich.

Denken Sie daran, daß der erste Schritt bei einem Heilungsprozeß immer darin besteht, die momentane Situation anzuerkennen und anzunehmen. Wenn man sich gegen etwas sperrt, es loszuwerden versucht oder so tut, als existiere es überhaupt nicht, macht man eine Heilung unmöglich. Heilung kann nur geschehen, wenn wir das Vorhandensein eines Problems anerkennen und uns dann bewußtmachen, daß es andere Wahlmöglichkeiten für uns gibt.

Wir müssen also unsere sogenannten negativen Gedanken zunächst einmal als Teil von uns akzeptieren, während wir gleichzeitig neue Perspektiven entdecken und entwickeln, um unsere Grenzen zu erweitern. Das erfordert aber Übung und sollte als allmählicher Prozeß aufgefaßt werden.

Ein anderer verbreiteter New-Age-Irrtum ist der Glaube, man könne sein ganzes Leben ändern, indem man sein Denken ändert. In der Tat ist es ein wichtiger Teil unseres Heilungsprozesses, daß wir uns unserer Gedanken bewußt werden und zulassen, daß sie sich allmählich verändern. Aber die mentale Ebene ist nur eine von vieren. Tiefgreifende Veränderungen sind nur möglich, wenn wir an allen vier Aspekten arbeiten und sie harmonisch miteinander verbinden.

Viele Menschen meinen, Gedanken und Gefühle seien ein und dasselbe. Sie werfen sie in einen Topf und verwenden für beides zusammen den Begriff »Geist« (wie bei der Unterteilung in Körper, Geist und Seele). Sie glauben, wenn man sein Denken ändert, würden sich damit automatisch auch die Gefühle ändern. In Wirklichkeit besteht aber zwischen Gedanken und Gefühlen ein großer Unterschied, auch wenn sie natürlich miteinander in Verbindung stehen. Wenn Sie Ihr

Denken gegenüber einem bestimmten Gegenstand oder Problem verändern, können Ihre diesbezüglichen Gefühle doch weiterhin bestehenbleiben. Darauf werde ich im nächsten Kapitel ausführlicher eingehen, wenn wir uns mit der Heilung auf der emotionalen Ebene befassen.

Den inneren Kritiker heilen

Ein Problem auf der mentalen Ebene, das vielen von uns zu schaffen macht, ist ein überaktiver »innerer Kritiker« – eine innere Stimme, die Ihnen ständig sagt, was Sie falsch machen, oder Sie zu Ihrem Nachteil mit anderen vergleicht. Dieses Problem entstammt eigentlich der emotionalen Ebene, wirkt sich aber auf der mentalen Ebene in Form von sich ständig wiederholenden selbstkritischen Gedanken aus.

Ein starker innerer Kritiker kann Ihnen das Leben sehr schwer machen, indem er zu allem, was Sie tun, negative Kommentare abgibt. Das kann Sie davon abhalten, sich frei und kreativ zu entfalten, Ihre Talente zu erproben, etwas Neues in Angriff zu nehmen und sinnvolle Wagnisse einzugehen. Letztlich kann er bewirken, daß Sie sich unnötig entmutigt und deprimiert fühlen.

Glücklicherweise ist es möglich, sich des eigenen inneren Kritikers bewußt zu werden, mit ihm zu arbeiten und ihn sich schließlich zum Verbündeten zu machen. Hal und Sidra Stone haben mit ihrer Arbeit vielen Menschen auf wunderbare Weise bei der Heilung ihres inneren Kritikers geholfen (und dabei, sich der vielen anderen inneren Stimmen bewußt zu werden, die wir alle in uns tragen). Ihr Buch *Du bist richtig. Mit der Voice-Dialogue-Methode den inneren Kritiker zum Freund gewinnen* und ihre Audiokassetten zum Thema *Meet Your Inner Critic* sind sehr empfehlenswert (siehe Literaturverzeichnis).

Viele Arten von Intelligenz

Manche Menschen sind auf der mentalen Ebene verletzt, weil ihnen in der Kindheit gesagt wurde, sie seien dumm oder ihre Geschwister oder Schulkameraden seien viel klüger als sie. Vielen Mädchen wird zudem offen oder indirekt zu verstehen gegeben, daß Frauen weniger intelligent als Männer seien oder daß Intelligenz für Frauen unwichtig oder nicht erstrebenswert sei.

Menschen, die eher intuitiv im Modus der rechten Gehirnhälfte lernen, tun sich in unserem das logische Denken betonenden Schulsystem schwer. Daraus ziehen sie häufig den Schluß, daß sie nicht besonders klug seien, obwohl sie in Wirklichkeit lediglich über eine andere Art von Intelligenz verfügen.

Wer früh im Leben ein solches Trauma erlitt, hat dadurch gelernt, seinem Intellekt zu mißtrauen und die eigenen intellektuellen Fähigkeiten in Zweifel zu ziehen. In diesem Fall ist es für die Heilung auf der mentalen Ebene unerläßlich, die eigene angeborene Intelligenz neu zu entdecken und für sich in Anspruch zu nehmen.

Unsere Kultur neigt dazu, nur eine oder zwei Formen der Intelligenz besonders zu schätzen. Doch in Wahrheit gibt es viele verschiedene Arten von Intelligenz, und sie alle sind nützlich und wichtig.

In seinem Buch *Frames of Mind: The Theory of Multiple Intelligences* stellt Howard Gardner die These auf, daß wir alle über mindestens sieben verschiedene Arten von Intelligenz verfügen. Jede dieser sieben Intelligenzarten läßt sich in einem anderen Teil des Gehirns lokalisieren und ist relativ unabhängig von den anderen, und jede hat ihren eigenen Entwicklungszeitraum.

Gardner unterscheidet die sieben Arten der Intelligenz wie folgt:

- *Logisch-mathematische Intelligenz.* Die Fähigkeit, zu organisieren, zu quantifizieren, numerische Symbole zu verstehen, zu abstrahieren und logische Schlüsse zu ziehen.
- *Sprachliche Intelligenz.* Die Fähigkeit, Sprache zu benutzen und zu verstehen.
- *Räumliche Intelligenz.* Die Fähigkeit, die physische Welt wahrzunehmen und sich vorzustellen, wie die Dinge zueinander passen.

- *Körperlich-kinästhetische Intelligenz.* Die Fähigkeit, den eigenen Körper auf spezialisierte und besonders koordinierte Weise einzusetzen, etwa als Tänzer, Sportler oder Schauspieler.
- *Musische Intelligenz.* Die Fähigkeit, musikalische Töne, Rhythmen und Klangmuster zu erkennen und zu reproduzieren.
- *Intrapersonale Intelligenz.* Die Fähigkeit, ein Gespür für sich selbst zu haben und in Kontakt mit den eigenen Emotionen zu sein.
- *Interpersonale Intelligenz.* Die Fähigkeit, die Gefühle und Erfahrungen anderer wahrzunehmen, mit anderen Menschen zu kommunizieren und sie zu beeinflussen.

Bei jedem Menschen sind einige Arten der Intelligenz stärker entwickelt als andere. In jeder dieser Intelligenzformen können wir Hinweise auf die besonderen Talente finden, mit denen wir auf die Welt gekommen sind. Ironischerweise sind wir selbst uns über unsere besonderen Gaben und Fähigkeiten oft am wenigsten im klaren. Wir neigen zu einer gewissen Blindheit gegenüber den Dingen, die wir besonders gut können. Wir leben Tag für Tag mit unserer Genialität, und deshalb erscheint sie uns völlig »normal«.

Es kann sehr aufschlußreich sein, wenn Sie einmal einen guten Freund fragen, was er als Ihre größten Stärken und Fähigkeiten ansieht. Auch ist es nützlich, wenn Sie die bei anderen Menschen hervorstechenden Arten der Intelligenz identifizieren. So werden Sie erkennen, über welch vielfältige Begabungen Menschen verfügen können.

Am Ende des Kapitels finden Sie eine Übung, mit deren Hilfe Sie Ihre eigenen einzigartigen Fähigkeiten entdecken und weiterentwickeln können.

Ich kenne zahlreiche Menschen, für die es eine sehr heilsame Erfahrung war, als Erwachsene noch einmal die Schulbank zu drücken. Einer meiner Freunde, der nie einen High-School-Abschluß geschafft hatte, holte ihn im

Alter von 37 Jahren nach, ging dann aufs College und machte dort sein Diplom. Selbstverständlich gewann er dadurch enorm an Selbstvertrauen. Viele andere meiner Freunde und Schüler sind aufs College zurückgekehrt, um ein Examen nachzuholen oder sich neue Kenntnisse anzueignen.

Heute gibt es viele ausgezeichnete Weiterbildungsprogramme für berufstätige Erwachsene. Als Erwachsener, wenn man seine Neigungen kennt und genau weiß, was man erreichen will, noch einmal zur Schule zu gehen, kann eine ganz andere Erfahrung sein als in der Jugend, und Selbstbild und Lebensperspektive können sich dadurch völlig verwandeln. Verspüren Sie dagegen keinen ausgeprägten Drang, sich in dieser Form weiterzubilden, würde eine Rückkehr auf die Schulbank möglicherweise ebenso enttäuschend verlaufen wie Ihre schulischen Erfahrungen als junger Mensch.

Wenn Sie glauben, bei Ihrer intellektuellen Entwicklung etwas Struktur und Unterstützung zu benötigen, sich aber mit einer traditionellen Schule nicht anfreunden können, sollten Sie sich nach alternativen Bildungsmöglichkeiten umschauen. Bitten Sie Ihre innere Führung darum, Ihnen den Weg zu zeigen, und prüfen Sie interessant klingende Angebote.

Übung: Werden Sie sich Ihrer inneren Regeln bewußt

Unsere zentralen Glaubenssätze zeigen sich in unserem Leben häufig in Form von Regeln, die wir bewußt oder unbewußt befolgen. Diese Regeln zu identifizieren und mit ihnen zu arbeiten kann Ihnen helfen, bewußter auszuwählen, welche davon Ihrer heutigen Situation noch angemessen sind und welche nicht. Hier sind zwei Übungen, die Ihnen helfen können, sich der inneren Regeln bewußt zu werden, die Ihr Leben beeinflussen. Die erste ist eine schriftliche Übung, die zweite eine geführte Meditation.

Bevor Sie die zweite Übung machen, lesen Sie sich den Meditationstext erst vollständig durch.

Für die schriftliche Übung benötigen Sie ein Notizbuch oder mehrere Blatt Papier und einen Stift. Setzen Sie sich an einen Ort, wo Sie bequem schreiben können. Schreiben Sie die folgenden Rubriken jeweils oben auf eine Seite und lassen Sie den Rest der Seite leer:

- Spiritualität
- Zwischenmenschliche Beziehungen
- Arbeit und Schule
- Körper

Sie haben also vier Seiten, von denen jede mit einer dieser Rubriken überschrieben ist. Als erstes werden wir die wichtigsten Regeln und Glaubenssätze untersuchen, die Sie als Kind übernommen haben. Manche davon wurden Ihnen auf direktem Wege von

Eltern, Großeltern, Lehrern oder anderen Bezugspersonen vermittelt. Viele können aber auch indirekt oder unbewußt daraus entstanden sein, daß Sie das Verhalten anderer beobachteten oder einfach die Einflüsse der Gesellschaft in sich aufnahmen. Bewerten Sie die Regeln nicht als gut oder schlecht, sondern notieren Sie einfach alle, die Ihnen einfallen.

Denken Sie an Ihre Kindheit zurück. Welche Regeln wurden Ihnen im spirituellen Bereich beigebracht? Zum Beispiel: *»Du mußt jeden Tag beten.«* Oder: *»Behandle andere so, wie du selbst gerne von ihnen behandelt werden möchtest.«*

Notieren Sie auf dem Blatt mit der Rubrik »Spiritualität« alle Regeln oder Glaubenssätze, die Sie als Kind diesbezüglich gelernt haben. Nehmen Sie sich dafür so viel Zeit, wie Sie möchten. Sie können auch über mehrere Tage hinweg die Liste immer wieder ergänzen, wenn Ihnen weitere Dinge einfallen.

Auf der zweiten Seite, die mit »Zwischenmenschliche Beziehungen« überschrieben ist, listen Sie alle Regeln auf, die Sie bezüglich eines angemessenen Sozialverhaltens erlernt haben. Zum Beispiel: *»Mach im Haus keinen Lärm.«* Oder: *»Kinder soll man sehen, aber nicht hören.«* Was haben Sie über den richtigen Umgang mit anderen Menschen gelernt? Zum Beispiel: *»Nimm immer Rücksicht auf die Gefühle anderer Menschen.«* Oder: *»Männer sind vor allem für den Broterwerb zuständig; Frauen sollten sich vor allem um die Kindererziehung und den Haushalt kümmern.«*

Nehmen Sie sich auch hierfür wieder so viel Zeit wie nötig. Ergänzen Sie die Liste, wenn Ihnen weitere Regeln einfallen. Eventuell können Sie Familienmitglieder zu Rate ziehen, um Ihr Gedächtnis aufzufrischen.

Notieren Sie auf der nächsten Seite, jener mit der Rubrik »Arbeit und Schule«, alles, was Sie über richtiges Verhalten in Beruf und Schule gelernt haben. Zum Beispiel: *»Arbeite hart und bringe gute Noten nach Hause.«* Oder: *»Nur mit einer guten Ausbildung kann man es im Leben zu etwas bringen.«* Und so weiter.

Auf der Seite mit der Überschrift »Körper« schreiben Sie alle Regeln auf, die Sie in bezug auf Ihre äußere Erscheinung, Ernährung, Gesundheit, Hygiene, Sport, Spiel und Sexualität gelernt haben. Hier gibt es viele Unterkategorien, nehmen Sie sich dafür also genug Zeit. Vielleicht bekamen Sie jene berühmte Ermahnung von Ihrer Mutter zu hören, die wir alle so sehr lieben: *»Iß deinen Teller leer; denk an die hungernden Kinder in Afrika.«* Oder man hat Ihnen gesagt: *»Trage immer frische Unterwäsche, es könnte ja sein, daß du einen Unfall hast.«* Eine typische Regel für Frauen war, daß sie bis zu ihrer Heirat Jungfrau bleiben sollten. Schreiben Sie in jeder dieser Unterkategorien alle Regeln auf, an die Sie sich aus Ihrer

Kindheit erinnern. Nehmen Sie so viele Blatt Papier wie nötig.

Wenn die vier Listen vollständig sind, schreiben Sie anschließend die Regeln auf, nach denen Sie *heute* leben. Einige davon mögen unverändert aus der Kindheit übernommen sein. Andere können das totale Gegenteil dessen sein, was Sie als Kind gelernt haben. Verwenden Sie die Rückseite der vier Blätter oder neue Blätter, um erneut alle Kategorien durchzugehen. Notieren Sie alle Regeln, nach denen Sie sich in Ihrem jetzigen Leben zu richten versuchen. Nehmen Sie sich auch dafür genug Zeit.

Lesen Sie sich die Listen anschließend durch, und markieren Sie jene Regeln, die Ihnen immer noch gute Dienste leisten, mit einem *Sternchen.* Mit anderen Worten, wählen Sie von Ihren heutigen Lebensregeln diejenigen aus, die Sie als positiv und hilfreich empfinden.

Lesen Sie sich dann die Listen erneut durch und markieren Sie mit einem *Kreuz* jene Regeln, die Ihnen übermäßig hart, einschränkend, dogmatisch, schwer zu befolgen oder nicht mehr glaubwürdig erscheinen. Manche dieser Regeln sind vielleicht nicht länger notwendig und stehen im Widerspruch zu Ihren wahren Bedürfnissen.

Schauen Sie sich die mit einem *Kreuz* markierten Regeln noch einmal an, und wählen Sie aus jeder Rubrik eine aus, die Sie gerne verändern oder ganz aufgeben möchten. Schreiben Sie einen neuen Glaubenssatz auf, durch den Sie die betreffende Regel ersetzen wollen.

Sagen wir, Sie haben eine Regel, die von Ihnen fordert, daß Sie erst sämtliche Arbeiten erledigen müssen, ehe Sie sich entspannen und Spaß haben dürfen. Diese Regel veranlaßt Sie, viel zu hart zu arbeiten und sich nur selten eine Freude zu gönnen. Sie könnten sie folgendermaßen umformulieren: »Es ist okay, daß ich mich zwischendurch entspanne und mir ein bißchen Erholung gönne, bevor ich weiterarbeite.«

Wählen Sie aus jeder Rubrik – Spiritualität, Zwischenmenschliche Beziehungen, Arbeit und Schule, Körper – zwei mit *Sternchen* markierte Regeln aus, nach denen Sie auch weiterhin gerne leben möchten, und machen Sie sich diese Regeln ganz bewußt zu eigen.

Wählen Sie unter den mit einem *Kreuz* markierten Regeln je zwei weitere aus, die Sie neu definieren oder völlig aufgeben wollen. Sie können sie in der gleichen Weise umformulieren wie bei dem oben angeführten Beispiel.

Übung: Meditation über neue Glaubenssätze

Hier ist eine Meditation, die Ihnen dabei hilft, diese neuen Glaubenssätze in Ihrem Leben wirksam werden zu lassen. Lesen Sie sich zunächst den gesamten Meditationstext durch, ehe Sie die Augen schließen und beginnen.

Setzen oder legen Sie sich bequem hin. Wenn Sie sitzen, sollte Ihr Rücken möglichst gerade und gut abgestützt sein, und Ihre Füße sollten flach auf dem Boden ruhen. Wenn Sie im Liegen meditieren möchten, legen Sie sich bequem auf den Rücken, vielleicht mit einem Kissen unter den Knien, um den Lendenwirbelbereich zu entlasten. Wählen Sie, bevor Sie die Augen schließen, den neuen Glaubenssatz oder die neue Verhaltensregel aus, die Sie fest in Ihr Leben integrieren wollen.

Schließen Sie nun die Augen, atmen Sie tief ein, und entspannen Sie beim Ausatmen Ihren Körper. Atmen Sie erneut tief ein, und entspannen Sie beim Ausatmen den Körper noch mehr. Atmen Sie weiter tief, und entspannen Sie Ihren Körper mit jedem Ausatmen so vollständig wie möglich. Lassen Sie jede Anspannung los. Lassen Sie Ihren Körper sehr entspannt und ruhig werden.

Atmen Sie weiter tief, und entspannen Sie nun mit jedem Ausatmen Ihren Verstand. Lassen Sie alle Gedanken einfach ziehen. Lassen Sie jeden neuen Gedanken, der in Ihnen aufsteigt, einfach ziehen. Lassen Sie es geschehen, daß Ihr Denken zur Ruhe kommt.

Lassen Sie Ihre Aufmerksamkeit zu einem friedlichen Ort tief in Ihrem Inneren wandern, und ruhen Sie sich dort aus.

Wenn Sie bereit sind, denken Sie an den neuen Glaubenssatz, den Sie sich gerne zu eigen machen möchten. Zum Beispiel: »*Wenn ich meiner Intuition vertraue und ihr folge, entfaltet sich mein Leben so, wie es für mich am besten ist.*«

Wiederholen Sie diesen Glaubenssatz mehrmals hintereinander langsam, fest und mit Nachdruck. Entwickeln Sie dabei eine intensive Überzeugung, daß dieser neue

Glaubenssatz von jetzt an ganz mühelos in Ihrem Leben wirksam wird.

Malen Sie sich nun lebhaft aus, wie Sie sich fühlen und verhalten, wenn Sie gemäß dem neuen Glaubenssatz leben. Wie wird sich Ihr Leben dadurch verändern? Vielleicht erhalten Sie ein mentales Bild dieses neuen Zustandes, es kann sich aber auch eine lebhafte Empfindung einstellen; wenn nicht, denken Sie einfach über die angestrebte Veränderung nach. Stellen Sie sich vor, daß sie bereits verwirklicht ist. Wenn es Ihnen nicht gelingt, die Resultate des neuen Glaubenssatzes klar zu visualisieren, ist das nicht weiter tragisch. Daß Sie einen festen Entschluß fassen, genügt bereits.

Werden Sie sich dann, wenn Sie innerlich bereit für die Rückkehr sind, wieder Ihres Körpers bewußt. Beobachten Sie, wie sich Ihr Körper jetzt anfühlt. Welche Teile sind sehr entspannt, welche Teile fühlen sich eher steif an und schmerzen? Kehren Sie in

Ihrer Vorstellung ganz in den Raum zurück, ehe Sie langsam die Augen öffnen und Ihre Aufmerksamkeit wieder auf die Außenwelt richten.

Notieren Sie anschließend alle Gedanken, Bilder und Gefühle, die während der Meditation auftraten, in Ihrem Tagebuch oder auf einem Blatt Papier. Möglicherweise erscheint Ihnen das, was Sie da aufschreiben, im Moment wenig verständlich, aber das ist völlig in Ordnung. Bewerten Sie diese Gedanken, Gefühle oder Bilder nicht – notieren Sie sie einfach. Wenn Sie sie in ein paar Tagen oder Wochen noch einmal durchlesen, werden Ihnen dazu möglicherweise ganz neue Ideen in den Sinn kommen.

Ich empfehle Ihnen dringend, diese Meditation in den folgenden Tagen und Wochen häufiger durchzuführen, mit einer ganzen Reihe der von Ihnen neu formulierten Glaubenssätze, solange diese noch frisch sind.

Nehmen Sie jeden Glaubenssatz, gehen Sie damit durch die Meditation, und notieren Sie anschließend alle Gedanken, Gefühle und inneren Bilder, die dabei auftauchen. Denken Sie daran, daß während des Meditierens Ihr nicht-rationaler Geist tätig ist, erwarten Sie also nicht, daß Sie alle seine Botschaften auf Anhieb verstehen.

Übung: Finden Sie heraus, welche Form von Intelligenz Ihnen angeboren ist

Denken Sie über die verschiedenen Arten der Intelligenz nach, die weiter vorn in diesem Kapitel beschrieben sind, und jede andere Form von Intelligenz, die Ihnen bekannt ist. Über welche Arten der Intelligenz verfügen Sie selbst? Dabei kann es sich um eine einzigartige Kombination aus mehreren der oben aufgeführten Intelligenzformen handeln, plus einer oder mehreren weiteren, die Ihnen zusätzlich einfallen.

Um ein Gespür für Ihre eigene Intelligenz zu bekommen, sollten Sie sich einmal an Aktivitäten zurückerinnern, denen Sie sich als Kind mit Vorliebe widmeten. Haben Sie gerne:

- die Natur erkundet?
- gelesen?
- Geschichten erfunden?
- mit Tieren gespielt?
- Theaterstücke inszeniert?
- Dinge auseinandergenommen, um zu sehen, wie sie funktionieren?
- Sport getrieben?
- Musik gemacht?
- Oder gab es noch andere Interessen? Wenn ja, welche?

Nehmen Sie sich einen Moment Zeit, und schreiben Sie auf, was Sie gut können und was Sie besonders gerne tun. Sie können auch Dinge hinzufügen, mit denen Sie sich als Kind gerne beschäftigt haben, für die Sie heute aber keine

Zeit mehr finden oder zu denen Sie irgendwie den Kontakt verloren haben.

Gibt es ein verbindendes Element bei all diesen Interessen? Folgen Sie diesem roten Faden. Er wird Sie zu der Ihnen eigenen, einzigartigen Intelligenz führen.

Wenn Sie in Berührung mit Ihrer angeborenen Intelligenz kommen, werden Sie feststellen, daß Sie auf dem Gebiet Ihres größten Interesses gelobt und ermutigt, vielleicht aber auch kritisiert und entmutigt wurden. Wenn Sie diesbezüglich negative Erfahrungen gemacht haben, sollten Sie jetzt gleich damit beginnen, neues Vertrauen in Ihre Fähigkeiten zu fassen, und sich klarmachen, daß Ihre besondere Begabung höchstwahrscheinlich im Bereich jener Interessen und Aktivitäten liegt, zu denen Sie sich besonders hingezogen fühlten. Es gibt einen guten Grund, warum Sie während Ihrer Kindheit eine Vorliebe für diese Bereiche hatten. Auf den inneren Kompaß, der Ihnen damals die Richtung wies, ist fast immer Verlaß.

Sollten Sie, was Ihre Gaben und Talente angeht, etwas Heilungsarbeit benötigen, können Sie damit beginnen, diese frühen Interessen erneut zu pflegen. Besuchen Sie entsprechende Kurse oder sprechen Sie mit Menschen, die auf Ihrem Interessengebiet Erfolge erzielt haben. Lesen Sie einschlägige Literatur und, vor allem, üben Sie sich selbst wieder in der betreffenden Aktivität. Fangen Sie jetzt gleich damit an.

Folgen Sie Ihrem Herzen und vertrauen Sie darauf, daß Ihre frühen Neigungen zuverlässige Indikatoren für Ihre wahren Fähigkeiten und Talente sind. Unternehmen Sie vor allem konkrete, praktische Schritte.

Wenn das Schreiben zu Ihren frühen Interessen zählte, könnten Sie damit beginnen, Tagebuch zu führen, einen Kurs für kreatives Schreiben zu besuchen oder ein Buch über jene literarische Gattung zu lesen, in der Sie sich gerne versuchen möchten, ganz gleich, ob Theaterstück, Roman oder Essay. Wenn Sie sich für technische Dinge interessieren, könnten Sie ein defektes Gerät, das Sie fasziniert, auseinandernehmen. Wenn die Beschäftigung mit anderen Menschen Ihre Leidenschaft ist, könnten Sie ehrenamtlich in einer karitativen Organisation mitarbeiten. Solche aktiven Schritte bewirken, daß jene vielleicht wichtigsten Teile Ihrer Persönlichkeit, die lange Zeit brachlagen, sich neu entfalten können.

VIERTES KAPITEL

HEILUNG AUF DER EMOTIONALEN EBENE

Viele Menschen finden die Arbeit auf der spirituellen Ebene angenehm und inspirierend, und weil wir in einer so verstandesorientierten Kultur leben, bereitet uns die Erkundung des mentalen Bereiches in der Regel kaum Unbehagen.

Doch auf der Ebene, wo emotionale Heilung stattfinden sollte, bleiben viele Menschen stecken. Die meisten von uns haben Angst davor, sich auf eine tiefgehende Heilungsarbeit im emotionalen Bereich einzulassen. Wir befürchten, dabei mit alten Schmerzen konfrontiert oder von ihnen gar völlig überwältigt zu werden. Wir fragen uns, wozu es überhaupt nötig ist, sich mit ungelösten emotionalen Problemen und unerfreulichen Gefühlen zu beschäftigen. Wir machen uns nicht klar, daß eine wirkungsvolle emotionale Heilung uns von Schmerzen und Problemen befreit, die wir sonst unser ganzes Leben mit uns herumschleppen.

Wir leben in einer Kultur, die erstaunlich wenig von Gefühlen versteht und dem emotionalen Bereich keine wirkliche Wertschätzung entgegenbringt. Den meisten von uns wird offen oder auf subtile Weise vermittelt, daß Emotionen potentiell gefährlich sind – unvorhersagbar und irrational – und daß wir nie die Kontrolle über sie verlieren dürfen. Wir haben gelernt, unsere Gefühle mehr oder weniger stark zu verbergen oder zu verleugnen – sogar uns selbst gegenüber. Wir haben gelernt, die meisten unserer Gefühle tief in uns zu vergraben und der Welt nur zu zeigen, was sicher und harmlos wirkt – und das scheint nur ein sehr kleiner Teil unseres emotionalen Wesens zu sein.

In der Kindheit haben wir oft Botschaften wie diese erhalten: *»Du hast keinen Grund, dich so zu* *fühlen.«* Oder: *»Spiel nicht solches Theater!«* Oder das klassische: *»Ein großer Junge (oder ein großes Mädchen) weint nicht.«*

Kürzlich erzählte mir ein Freund vom Tod seines Vaters. Seine Mutter ermahnte ihn, bei der Beerdigung des Vaters nicht zu weinen, weil das wie ein Zeichen von Schwäche aussehen würde. Die Haltungen, die uns beigebracht wurden, sind sehr tief in unserer Psyche verwurzelt. An diesem Beispiel sieht man, wie das Erbe unterdrückter Gefühle von der Mutter an den Sohn weitergegeben wird.

Allgemein bringt man uns bei, keine zu intensiven Gefühle zuzulassen – selbst Liebe oder Freude –, weil es als erstrebenswert gilt, möglichst »cool« und beherrscht zu sein. Ganz besonders wird uns beigebracht, sogenannte »negative« Emotionen wie Angst, Traurigkeit, Schmerz, Wut oder Verzweiflung abzulehnen und zu verdrängen.

Während die meisten von uns gelernt haben, ihre Gefühle zu unterdrücken, leiden manche

Menschen unter dem gegenteiligen Problem. Sie werden sehr leicht von ihren Gefühlen überwältigt, und es fällt ihnen schwer, ein emotionales Gleichgewicht aufrechtzuerhalten. Oft lasten die unterdrückten Gefühle anderer zusätzlich auf ihnen, so daß sie nicht nur ihre eigenen, sondern auch noch die Gefühle der Menschen in ihrer Umgebung durchleben und ausdrücken. Wieder andere stecken in einer bestimmten Emotion fest – Wut beispielsweise – und reagieren ständig nach einem starren Muster. Das alles sind Symptome emotionaler Unausgewogenheit, die der Heilung bedürfen.

Leider verstärken viele traditionelle spirituelle Philosophien und New-Age-Glaubenssysteme die Tendenz, bestimmte Emotionen zu unterdrücken. Den Anhängern wird geraten, sich ganz über ihre Gefühle zu erheben oder sich auf die als annehmbar betrachteten zu konzentrieren, etwa auf bedingungslose Liebe. Ich kenne viele spirituell orientierte Lehrer, die den Leuten raten, sie sollten sich von ihrer Wut oder anderen angeblich negativen Gefühlen »befreien«. Bedauerlicherweise erklären sie nie so recht, wie dieses »Sich-Befreien« funktionieren soll, so daß ihre Schüler sich vergeblich abmühen und darüber nachgrübeln, warum ihre negativen Gefühle sich so hartnäckig zu verschwinden weigern. Wenn überhaupt eine Methode empfohlen wird, sieht sie für gewöhnlich so aus: Man solle das fragliche Gefühl einfach beiseite schieben und sich statt dessen auf ein positives Erlebnis oder Gefühl konzentrieren. Oder der Schüler wird ermutigt, sich ausschließlich mit dem spirituellen Aspekt seines Wesens zu identifizieren, der als das »wahre Selbst« betrachtet wird. Die Persönlichkeit mit ihren vielschichtigen Gefühlen gilt demgegenüber als »falsches Selbst« oder Ego, das zu überwinden sei.

Bei diesen Lehren kommt die althergebrachte Leugnung der Gefühle lediglich in einem New-Age-Gewand daher. Gefühle zu leugnen ist für die menschliche Psyche gefährlich und zerstörerisch, weil wir dabei versuchen, einen unverzichtbaren, wesentlichen Teil von uns zu verdrängen und auszulöschen. Das kann auf Dauer niemals funktionieren. Wie könnten wir einen zentralen Bestandteil unseres Wesens loswerden? Wir geraten dadurch in einen schweren inneren Konflikt – der Teil von uns, der die Gefühle ablehnt, kämpft gegen jenen Teil, der sie spürt und erlebt. In Wahrheit können wir unsere Gefühle nicht auf diese Weise leugnen oder kontrollieren, ohne uns selbst zusätzliche emotionale Wunden zuzufügen.

Alle unsere Gefühle sind wichtig

Gefühle sind ein wichtiger, unersetzlicher Teil unseres Lebens. Wir sollten sie akzeptieren und achten. Kein Gefühl ist an sich schlecht oder negativ. Wir nennen etwas negativ, weil wir es nicht verstehen und uns deshalb davor fürchten.

Emotionen sind ein bedeutender Teil unseres menschlichen Erlebens, und sie existieren nicht ohne Grund. Statt sie zu leugnen oder abzulehnen, sollten wir herausfinden, was sie uns zu sagen haben. Sie sind Botschaften, die uns auf Dinge hinweisen, denen wir Beachtung schenken sollten.

Wenn Sie traurig sind, weist dieses Gefühl Sie darauf hin, daß Ihnen etwas fehlt. Wenn Sie das Gefühl respektieren und sich fragen, was es Ihnen sagen möchte, kann es Ihnen zu neuen Einsichten verhelfen. Traurigkeit kann Ihnen zeigen, daß es an der Zeit ist, den Schmerz über einen Verlust zuzulassen und zu durchleben. Tränen sind der Fluß des Lebens, der das Alte hinwegspült und so Raum für etwas Neues schafft. Ein altes Sprichwort lautet: »Jede geweinte Träne schenkt dir einen zusätzlichen Lebenstag.«

Wut kann ein Schutz sein, wenn wir uns verletzt oder ängstlich fühlen. Wut kann auch ein Weg sein, uns unsere persönliche Macht zurückzuholen, wenn wir es lange Zeit geduldet haben, daß andere über uns bestimmen. Wenn wir auf sinnvolle Weise mit ihr umgehen, können wir durch die Wut lernen, für unsere eigenen

Bedürfnisse einzutreten, aufrichtig zu sein und angemessene Grenzen zu ziehen.

Natürlich wissen wir, daß Wut manchmal auch schmerzhaft und zerstörerisch sein kann. Deshalb fürchten sich so viele von uns vor diesem Gefühl. Wenn Wut auf zerstörerische Weise ausgedrückt wird, gibt es dafür zwei mögliche Gründe:

1. Sie ist so lange unterdrückt und aufgestaut worden, daß sie plötzlich (oder auch in regelmäßigen Abständen) auf explosive, gewaltsame Weise hervorbricht.
2. Sie wird von einem Menschen gewohnheitsmäßig dazu verwendet, tieferliegende, »schwache« Gefühle wie Furcht, Traurigkeit oder Verletztheit zu verbergen.

Zum Glück ist es möglich, solche Muster zu heilen. Wir können lernen, Wut auf unschädliche, klare und angemessene Weise auszudrücken.

Angst ist ein Gefühl, das viele Menschen gerne loswerden oder zumindest verbergen möchten.

Doch sie hat eine wichtige Funktion: Sie warnt uns vor möglichen Gefahren und Schwierigkeiten, damit wir wachsam sind, eine Situation richtig einschätzen und auf angemessene Weise handeln. Ein Mensch ohne jede Angst würde vermutlich viele gefährliche und womöglich fatale Dinge tun. Natürlich sind manche Menschen übermäßig ängstlich. Die Lösung besteht aber nicht darin, Angst völlig zu eliminieren, sondern sie angemessen zu integrieren.

Ein im New Age populäres Konzept besagt, daß Angst das Gegenteil von Liebe sei und wir angeblich zunächst unsere Angst loswerden müßten, ehe wir wirklich lieben könnten. Ich rate eher dazu, die eigene Angst lieben zu lernen, also zu lernen, unsere Angst als wertvollen Aspekt unseres Wesens zu akzeptieren. Wenn wir lernen, uns selbst mit allen unseren Gefühlen zu akzeptieren, empfinden wir wirklich bedingungslose Liebe für uns selbst. Dann können wir auch anderen Menschen echtes Mitgefühl und Liebe entgegenbringen. Wenn wir nicht mit uns selbst im Konflikt liegen, nicht versuchen, irgendwelche unserer Gefühle loszuwerden, können wir eine Haltung friedvoller Selbst-Akzeptanz entwickeln. Das erlaubt es uns, spirituell offen zu werden und unsere Spiritualität in unser menschliches Dasein zu integrieren.

Das Leben besteht aus Paradoxen. Wir können etwas nur wirklich fühlen, wenn wir auch in der Lage sind, sein Gegenteil zu empfinden. Um wirkliche Stärke zu empfinden, müssen wir unsere Schwächen akzeptieren. Um uns wirklich stark fühlen zu können, müssen wir uns unserer Verletzlichkeit bewußt sein. Um wahre Freude erleben zu können, müssen wir auch unsere Traurigkeit tief empfinden. In Khalil Gibrans Buch *Der Prophet* steht der wunderbare Satz: *»Je tiefer sich das Leid in euer Sein eingräbt, desto mehr Freude könnt ihr fassen.«*

Unsere Emotionen sind wie das Wetter, sie verändern sich ständig, und ebensowenig wie das Wetter können wir unsere Gefühle beherrschen. Statt dessen können wir lernen, alle unsere unterschiedlichen Stimmungen und Emotionen wertzuschätzen. So wie wir den ganz besonderen Reiz sonniger wie auch stürmischer Tage genießen können, so können wir lernen, Schönheit sowohl in der Freude als auch in der Traurigkeit zu entdecken.

Emotionen entstehen, wenn wir die uns durchströmende Lebensenergie spüren. Wenn wir unsere Gefühle nicht wirklich zulassen, sie nicht auf natürliche Weise in uns fließen lassen, staut sich die Lebensenergie in unserem Körper. Das ruft Probleme auf allen Ebenen hervor – emotional, mental, spirituell und körperlich. Während meiner Arbeit mit Tausenden von Menschen habe ich immer wieder festgestellt, daß viele körperliche Erkrankungen durch blockierte Emotionen verursacht oder zumindest gefördert werden. Emotionale Heilung kann also einen wichtigen Beitrag zur Heilung auf der körperlichen Ebene leisten.

Wenn wir unsere Gefühle akzeptieren, können wir sie auch wirklich spüren. Wenn wir sie auf konstruktive, angemessene Weise anderen mitteilen, können wir leicht und natürlich mit unseren Gefühlen leben. Dann kann die Lebensenergie frei in unserem Körper zirkulieren und uns emotionale und körperliche Heilung bringen.

Unterdrückte Gefühle = blockierte Energie = emotionale und körperliche Beschwerden

Erlebte Gefühle = freier Energiefluß = emotionales und körperliches Wohlbefinden

Der Unterschied zwischen Gedanken und Gefühlen

Einer der ersten Schritte bei der Heilung der emotionalen Ebene besteht darin, den Unterschied zu verstehen zwischen dem, was wir denken, und dem, was wir fühlen.

Was Sie über eine Sache denken und wie Sie sich diesbezüglich fühlen, kann ziemlich weit voneinander entfernt sein. Auch wenn Sie etwas auf einer rationalen Ebene sehr vernünftig finden, macht es Sie vielleicht dennoch unglücklich.

Sagen wir, jemand macht Ihnen ein interessantes geschäftliches Angebot. Verstandesmäßig finden Sie den Vorschlag ganz ausgezeichnet, aber trotzdem bereitet er Ihnen in emotionaler Hinsicht Unbehagen. Vielleicht fühlen Sie sich von der betreffenden Person eingeschüchtert, oder eine geschäftliche Veränderung würde eine Menge Aufregungen mit sich bringen, wonach Ihnen momentan überhaupt nicht zumute ist. Es ist wichtig, beide Ebenen der Wahrheit anzuerkennen und ernst zu nehmen – die mentale und die emotionale. Akzeptieren Sie dieses Paradox zunächst einmal so, wie es ist. Bitten Sie Ihre innere intuitive Führung, Ihnen den nächsten Schritt zu zeigen. Für gewöhnlich wird Ihnen dann ganz von selbst klar werden, was zu tun ist.

Wie ich schon erwähnt habe, verwechseln viele spirituelle Lehrer die mentale und die emotionale Ebene oder werfen sie kurzerhand in einen Topf. Doch diese Ebenen sind sehr verschieden.

Wir sind fühlende Wesen, lange bevor wir unseren Verstand entwickeln. Unsere Gedanken sind sehr stark mit dem bewußten Verstand und dem Willen verbunden, während unsere Gefühle einem tieferliegenden, weniger rationalen Bereich entstammen.

Bis zu einem gewissen Grad können wir unsere Gedanken bewußt auswählen, doch was unsere Gefühle betrifft, haben wir nur die Wahl, wie wir mit ihnen umgehen. Wir können uns dafür entscheiden, sie zu leugnen, wir können in ihnen schwelgen und sie hemmungslos ausleben, oder wir können sie bewußt anerkennen und mit ihnen arbeiten.

Wenn Sie sich über jemanden ärgern, können Sie so tun, als sei alles in bester Ordnung, was bedeutet, Ihre Gefühle zu verleugnen. Sie können den Betreffenden anschreien, ihn sogar schlagen oder etwas nach ihm werfen, was ein hemmungsloses Ausleben Ihres Ärgers wäre. Oder Sie können sich selbst und, wenn es der Situation angemessen ist, auch der anderen Person gegenüber bewußt eingestehen, daß Sie Wut empfinden und sich verletzt fühlen. Wenn Sie sich die Zeit nehmen, Ihre Wut wirklich zu spüren, werden Sie feststellen, daß der Drang, sie an jemand anderem abzureagieren, gar nicht mehr so groß ist.

Wenn ein Gefühl wirklich überwältigend stark ist, sollten Sie sich auf jeden Fall zunächst mit einem guten Freund oder Therapeuten besprechen, ehe Sie irgendwelche übereilten Entscheidungen treffen.

Notwendige emotionale Heilungsarbeit

Bei der emotionalen Heilung kommt es im wesentlichen auf folgendes an: daß man in Kontakt mit den eigenen Gefühlen ist, daß man in der Lage ist, mit wenigstens einem anderen Menschen aufrichtig über die eigenen Gefühle zu sprechen, und daß diese Person mitfühlend reagiert, etwa mit dem Satz: »Oh, ich verstehe.« Dann wissen wir, daß es nicht schlecht, falsch oder verrückt ist zu fühlen, was wir fühlen, und daß wir mit unseren Erfahrungen nicht allein sind.

Als Säuglinge und Kinder hatten wir viele starke Gefühle. Damals brauchten wir Bezugspersonen, die auf diese Gefühle angemessen reagierten und zum Beispiel zu uns sagten: »Ich verstehe, daß du dich jetzt sehr ärgerst.« Oder: »Ich kann gut nachempfinden, daß du jetzt traurig bist.« Als Kinder war es wichtig für uns, daß unsere Eltern, Verwandten und Lehrer unsere Gefühle akzeptierten und uns eine positive Rückmeldung gaben. Wir brauchten die Sicherheit, daß wir ein Recht auf unsere Gefühle hatten, daß sie weder falsch noch schlecht waren. Wir brauchten die Erfahrung, daß andere Menschen uns verstehen und sich in uns hineinversetzen können, wenn wir starke Gefühle durchlebten. Es war wichtig, daß unsere Gefühlswelt nicht durch die Erwachsenen beschnitten und eingeschränkt wurde.

Eltern mögen sich noch so sehr bemühen – und sie geben im Rahmen ihrer Möglichkeiten immer ihr Bestes –, Kinder erleiden immer in einem gewissen Maß Schmerz, Zurückweisung und Isolation. Weil wir als Kinder so verletzlich sind, fügen diese Erlebnisse uns tiefe Wunden zu, die wir für den Rest unseres Lebens in uns tragen – es sei denn, wir beginnen, bewußt an unserer emotionalen Heilung zu arbeiten.

Bei der emotionalen Heilungsarbeit lernen wir, gut für uns selbst zu sorgen und von anderen Menschen jene Zuwendung anzunehmen, die uns in der Kindheit gefehlt hat. Wir lernen, alle unsere Gefühle zu akzeptieren und zuzulassen und anderen unsere Gefühle auf eine Weise mitzuteilen, daß sie uns verstehen. Emotionale Heilung wird möglich, wenn wir die Erfahrung machen, daß es einen anderen Menschen gibt, der uns zuhört, uns versteht und sich mitfühlend verhält.

Wenn wir viele unserer Gefühle geleugnet oder unterdrückt haben, brauchen wir häufig einen sicheren Ort und einen erfahrenen Führer (einen professionellen Berater oder Therapeuten), der uns hilft, mit ihnen in Kontakt zu kommen, sie zu erleben und loszulassen. Dann müssen wir Wege finden, den Kontakt mit unseren Gefühlen aufrechtzuerhalten und sie zuzulassen, wenn sie auftreten.

Es ist wichtig, daß wir uns der unseren Gefühlen zugrundeliegenden Bedürfnisse bewußt werden und lernen, diese Bedürfnisse anderen auf wirkungsvolle Weise mitzuteilen. Hinter den meisten unserer Emotionen steht unser grundlegendes Bedürfnis nach Liebe, Anerkennung, Sicherheit und Selbstachtung. Wir müssen das verletzliche Kind kennenlernen, das tief in jedem von uns lebt, und ihm eine liebevolle Mutter oder ein liebevoller Vater sein. Ein wirklich erfülltes Leben können wir nur führen, wenn wir die emotionalen Wunden aus unserer Kindheit und Jugend heilen.

Manche Menschen befürchten, eine bewußte Beschäftigung mit den emotionalen Wunden der Kindheit würde bedeuten, daß sie ihren Eltern oder anderen Bezugspersonen Schuld zuweisen, was sie nicht tun möchten. Tatsächlich ist es während einer tiefgreifenden emotionalen Heilung oft sehr wichtig, uns alte, tief vergrabene Gefühle von Schmerz, Groll und Vorwurf bewußtzumachen und Schuldzuweisungen uns selbst wie auch anderen gegenüber zu erkennen. Doch wenn diese Gefühle in einer sicheren, therapeutischen Atmosphäre zugelassen und durchlebt werden, lösen sie sich meistens in geradezu magischer Weise auf, so daß Annahme, Mitgefühl und Vergebung möglich werden.

Oft versuchen die Menschen, diese Schritte zu umgehen und gleich zur Vergebung zu gelangen, um sich das Erleben der weniger angenehmen Emotionen zu ersparen. Das mag mitunter effektiv sein, führt aber in den meisten Fällen zu einer sehr oberflächlichen Form der Vergebung, bei der die unterdrückten Gefühle nur dünn übertüncht sind und später doch noch zum Vorschein kommen. Werden diese Gefühle jedoch zugelassen und aufgearbeitet, findet die Vergebung ganz natürlich und automatisch statt.

Im Verlauf des Heilungsprozesses mag es sich als nötig erweisen, mit den damals beteiligten Personen zu sprechen. Das ist aber nicht zwingend erforderlich. Es gibt hierfür keine allgemeinen Regeln. Jede Situation ist anders. Die betreffenden Personen (Eltern, andere Familienmitglieder, frühere Ehepartner oder wer auch immer) sind möglicherweise inzwischen verstorben oder verweigern sich einem klärenden Gespräch. In diesem Fall ist es sehr hilfreich, einen langen, aufrichtigen Brief zu schreiben, den man nie abschickt, oder sich in der Meditation vorzustellen, daß man sich dem Betreffenden gegenüber ausspricht.

Wenn man bei seinem emotionalen Heilungsprozeß Fortschritte macht, kommt es oft zu erstaunlichen Veränderungen im zwischenmenschlichen Bereich, ohne daß viele Worte nötig sind. Oder man stellt fest, daß es eben doch an einem bestimmten Punkt notwendig wird, offen und aufrichtig mit jemandem über die Vergangenheit zu sprechen und so alte Konflikte zu klären.

Tiefgreifende emotionale Heilung braucht Zeit. Man kann sie nicht ungeduldig herbeizwingen. Sie muß sich auf ihre eigene Weise entfalten. Manchmal dauert es Jahre, bis man die tieferen seelischen Ebenen erreicht. Doch je weiter der Heilungsprozeß fortschreitet, desto erfüllter und heller wird das Leben.

Sich helfen lassen

Wenn es um eine tiefe emotionale Heilung geht, benötigen die meisten von uns Hilfe und Unterstützung. Manchmal kommt diese Hilfe in ausreichender Form von liebevollen Freunden und der Familie, doch es kann auch geschehen, daß wir die sachkundige und objektivere Unterstützung durch einen Therapeuten oder eine Selbsthilfegruppe benötigen.

Viele Menschen scheuen davor zurück, die Hilfe eines professionellen Beraters oder Therapeuten in Anspruch zu nehmen, was nicht weiter verwunderlich ist. In Hollywoodfilmen werden Therapeuten meist entweder als ineffektive Trottel oder als hinterhältige Manipulatoren porträtiert. Wir sind kulturell darauf konditioniert, stets so zu tun, als kämen wir bestens allein zurecht und hätten alles im Griff. Also schämen wir uns, andere um Hilfe zu bitten. Doch als menschliche Wesen sind wir nun einmal ab und zu auf fremde Hilfe angewiesen. Es ist ein Zeichen von Stärke und Mut, zu erkennen, daß wir es allein nicht schaffen, und uns dann von anderen auf angemessene Weise unterstützen zu lassen. Ich habe mich in meinem Leben viele Male in Therapie begeben, wenn ich bei einem tiefsitzenden emotionalen Problem professionelle Hilfe benötigte. Das hat sich stets als außerordentlich hilfreich erwiesen.

Es kommt darauf an, einen guten Psychotherapeuten zu finden, der sich wirklich darauf versteht, Ihnen auf Ihrem Heilungsweg zu helfen. Leider wissen viele Therapeuten nicht, wie eine tiefe emotionale Heilung herbeigeführt werden kann. Sie arbeiten mehr auf der mentalen Ebene und helfen ihren Klienten, sich selbst besser zu verstehen und neue psychologische Erkenntnisse zu gewinnen, was zu gegebener Zeit sehr nützlich sein kann. Doch viele sind nicht besonders gut darin, ihre Klienten durch tiefe emotionale Erfahrungen zu begleiten. Dazu ist ein Therapeut nur in der Lage, wenn er selbst intensiv an der Heilung seiner Gefühle gearbeitet hat, was bei vielen von ihnen leider nicht der Fall ist. Dann sind ihnen heftige Gefühle nicht geheuer, und sie versuchen unbewußt, ihre Klienten von solchen emotionalen Untiefen wegzulotsen, aus Angst, nicht damit umgehen zu können, wenn der Klient diese Gefühle ausdrückt. Viele Menschen, die nach jahrelanger Psychotherapie meine Seminare besuchten, waren schockiert, dabei auf Gefühle zu stoßen, die während ihrer Therapie nie berührt worden waren.

Zum Glück ändert sich das alles allmählich. Immer mehr Therapeuten arbeiten an ihrer eigenen emotionalen Heilung und lernen, andere wirkungsvoll bei diesem Prozeß zu begleiten.

Es gibt viele unterschiedliche Therapie- und Beratungsformen. Was dem einen sehr gut hilft, muß deshalb noch lange nicht allen helfen. Scheuen Sie sich also nicht, verschiedene Angebote auszuprobieren. Holen Sie Empfehlungen von Freunden ein. Führen Sie zunächst ein unverbindliches Informationsgespräch mit dem jeweiligen Therapeuten. Oder vereinbaren Sie ein paar Probesitzungen, um herauszufinden, ob Sie mit der Person und ihrer Therapiemethode etwas anfangen können.

Ein guter Therapeut hilft Ihnen, in Kontakt mit Ihren Gefühlen zu kommen, und unterstützt Sie darin, Selbstvertrauen zu gewinnen. Eine gute Therapie versetzt Sie in die Lage, anderen gegenüber aufrichtig und authentisch zu sein und Ihr wahres Wesen zu leben. Bereits während der ersten Wochen und Monate einer Therapie sollten Sie deutlich spüren, daß Bewegung in Sie und Ihr Leben kommt.

Emotionale Heilung ist ein fortlaufender Prozeß. Schicht für Schicht arbeiten wir uns durch unsere Gefühle, manchmal sanft, manchmal heftig. Jeder Mensch ist anders, und wir alle besitzen unseren eigenen Rhythmus, unser eigenes Timing.

Und hier ist die gute Nachricht: Emotionale Heilung funktioniert wirklich! Auch wenn es natürlich seine Zeit braucht, ist es möglich, alte emotionale Wunden zu heilen. Dann sind da nicht länger schmerzhafte Gefühle, vor denen wir wegzulaufen versuchen oder die wir in uns vergraben, sondern aus diesen leidvollen Erfahrungen kann tiefe Weisheit heranreifen. Während des Heilungsprozesses lernen wir, uns mit allen unseren Gefühlen anzufreunden und sie in ein natürliches, gesundes Gleichgewicht zu bringen.

Übung: Überprüfung der emotionalen Energien

Hier ist eine Meditation, die Ihnen hilft, mit Ihren Gefühlen in Kontakt zu bleiben. Sie eignet sich besonders für den frühen Morgen oder die Zeit vor dem Schlafengehen. Auch können Sie sie immer dann praktizieren, wenn Sie sich emotional unwohl und verunsichert fühlen oder einfach das Bedürfnis haben, Ihre Gefühle besser zu spüren.

Legen Sie Stift und Papier oder Ihr Tagebuch bereit, ehe Sie die Meditation beginnen.

Setzen oder legen Sie sich bequem hin. Wenn Sie sitzen, dann aufrecht, mit den Füßen fest auf dem Boden. Im Liegen schieben Sie zur besseren Abstützung ein Kissen unter die Knie.

Schließen Sie die Augen, und atmen Sie tief und langsam. Entspannen Sie mit jedem Ausatmen Ihren Körper immer mehr, so weit wie möglich. Atmen Sie wieder tief ein, entspannen Sie nun beim Ausatmen Ihren Verstand, und lassen Sie Ihre Gedanken davonschweben. Nehmen Sie so viele tiefe Atemzüge wie nötig, bis Sie sich tief entspannt fühlen. Lassen Sie jeden neu auftauchenden Gedanken sanft davonschweben, so daß Ihr Denken sich immer mehr verlangsamt und Ihr Geist sehr still und friedlich wird.

Lassen Sie nun Ihre Aufmerksamkeit durch Ihren Körper wandern. Beginnen Sie bei den Füßen, und arbeiten Sie sich langsam bis zum Kopf hinauf. Achten Sie darauf, wie sich die Energie in Ihrem Körper anfühlt. Ist Ihre Energie aktiv und vibrierend oder sanft und friedlich? Fließt sie langsam und träge? Stockt der Energiefluß an bestimmten Stellen Ihres Körpers? Gibt es ein geistiges Bild, einen Gedanken oder ein Gefühl dazu? Oder ist es nur eine körperliche Empfindung?

Stimmen Sie sich nun auf Ihre momentane emotionale Verfassung ein. Werden Sie sich bewußt, wie die Energie in Ihrem Körper fließt und was Sie emotional empfinden. Gibt es in Ihrem Körper eine Stelle, an der Ihre Energie und die Emotionen miteinander in Verbindung stehen? Gibt es irgendwo in Ihrem Körper eine besondere physische Empfindung: eine Anspannung im Bauchbereich, einen Schmerz im Herzen, Spannungen im Nacken oder in den Schultern, Druck im Kopf?

Wenn ja, dann richten Sie eine liebevolle, tröstende Aufmerksamkeit auf diesen Bereich. Spüren Sie den Empfindungen in diesem Körperteil nach. Fragen Sie sich, ob es ein Gefühl gibt, das zu diesen körperlichen Empfindungen in Bezug steht. Wenn dieses Gefühl sprechen könnte, was würde es Ihnen sagen?

Nehmen Sie sich Zeit – bleiben Sie für eine Weile in diesem Zustand. Seien Sie offen für alle Eindrücke, die sich dabei einstellen. Fragen Sie sich, ob Sie gegenwärtig etwas brauchen, ob es etwas gibt, dessen Sie sich bewußt werden sollten, etwas, das Sie jetzt sofort oder in der nächsten Zeit für sich tun können. Seien Sie offen für alle Gedanken, Bilder oder Gefühle, die als Antwort auf diese Frage in Ihnen aufsteigen.

Denken Sie daran, daß alle Ihre Gefühle völlig in Ordnung sind. Alles, was wir fühlen, ist völlig in Ordnung. Bewerten Sie die Antworten, die Sie erhalten, nicht. Akzeptieren Sie sie einfach.

Wenn Sie das Gefühl haben, am Ende der Meditation angekommen zu sein, richten Sie Ihre Aufmerksamkeit wieder auf Ihren ganzen Körper und Ihre momentanen körperlichen Empfindungen. Werden Sie sich, ohne die Augen zu öffnen, Ihrer Umgebung bewußt. Wenn Sie bereit dafür sind, öffnen Sie langsam die Augen, strecken Sie Ihren Körper sanft, und atmen Sie tief durch.

Wenn Sie möchten, können Sie Ihre Erfahrungen jetzt aufschreiben. Notieren Sie ausführlich alle Eindrücke während der Meditation. Wenn Sie besondere Gefühle oder einen inneren Dialog mit einem Körperteil erlebten, beschreiben Sie diese Erfahrungen ausführlich. Notieren Sie auch, welche Antwort Ihnen in den Sinn kam, als Sie sich fragten: »Was brauche ich jetzt in diesem Moment meines Lebens?«

Fragen, die Sie sich nach der Meditation stellen können:

- Wie ist heute der energetische Zustand meines Körpers?
- Welche Signale habe ich bezüglich meiner physischen und emotionalen Energie empfangen?
- Der Körperteil, der meine besondere Aufmerksamkeit auf sich zog, war ________.
  Das Gefühl dort war ______________.
  Die Botschaft dieses Körperteils an mich lautete: ________________________.
- Ich kam mit folgenden Gefühlen in Berührung: ____________________.
- Kann ich diese Gefühle akzeptieren und zulassen?
- Weitere Einsichten, die ich während der Meditation empfangen habe: __________
  ____
  ____.

FÜNFTES KAPITEL

HEILUNG AUF DER PHYSISCHEN EBENE

Unser allgemeines Wohlbefinden hängt von unserer Fähigkeit ab, in der materiellen Welt gut für uns selbst zu sorgen. Besonders kommt es dabei darauf an, daß wir unseren Körper fit und gesund erhalten und seine Bedürfnisse angemessen befriedigen. Darüber hinaus gilt es aber auch, in der Welt auf eine Weise zu funktionieren, daß wir nicht einfach nur überleben, sondern wirklich blühen und gedeihen – daß wir unseren Lebensunterhalt auf erfreuliche Art verdienen und uns unsere materiellen Wünsche erfüllen können. Dazu müssen wir ein feines »Gespür« für das entwickeln, was in unserem Körper und um uns herum vorgeht. Und nicht zuletzt kommt es darauf an, daß wir eine gesunde und harmonische Beziehung zu unserem Planeten und der Natur pflegen.

Bis in die jüngste Zeit hinein besaßen die meisten von uns kaum Informationen und nur wenig Ermutigung bezüglich eines gesunden, erfüllten Lebens. Und wir hatten in dieser Hinsicht fast keine Vorbilder vor Augen. Die sitzende Lebensweise, die sich in unserer Kultur entwickelt hat, ist extrem unnatürlich. Immer mehr Menschen leben in Städten, wo sie kaum Zugang zur Natur haben. Sie fahren im Auto umher, statt zu laufen, arbeiten in klimatisierten Gebäuden ohne natürliches Licht und frische Luft und essen ungesunde, industriell hergestellte Nahrungsmittel. Was noch schlimmer ist: Unser Leben ist so hektisch und stressig, daß wir unseren Körper ständig überbeanspruchen und ihn mit Koffein künstlich aufputschen müssen.

Weil die moderne Zivilisation so viel Gewicht auf die intellektuelle und technologische Entwicklung legt, haben wir den Kontakt zu unseren Gefühlen und körperlichen Bedürfnissen weitgehend verloren. Unsere Einstellung gegenüber der Natur und dem eigenen Körper basiert auf Ausbeutung und Kontrolle, nicht auf Achtung, Zuneigung und Kooperation.

Ein weiterer nachteiliger Faktor ist die Einstellung gegenüber dem menschlichen Körper, wie sie von den traditionellen, transzendent eingestellten Religionen gelehrt wurde. In den meisten Religionen gilt der Körper als Feind des Geistigen, als Sitz unserer menschlichen Triebe, Emotionen, Leidenschaften und Begierden. In diesen spirituellen Philosophien besteht das Ziel darin, diese menschlichen Aspekte zu unterdrücken und sich über sie zu erheben. Der Körper wird dem Geist gegenüber als minderwertig betrachtet, oder gar als böse und verdorben. Daher werden die körperlichen Bedürfnisse ignoriert oder verunglimpft.

Weiter verschlimmert wird das Ganze durch die moderne Wissenschaft, die uns gelehrt hat, uns völlig auf die äußeren Ursachen und Behandlungsmethoden von Krankheiten zu konzentrieren und die subtileren inneren Krankheitsursachen und Heilungsprozesse zu ignorieren. Wir betrachten uns als »Opfer« von Krankheiten, die uns jederzeit und ohne besonderen Grund befallen können. So fühlen wir uns hilflos und scheinen unseren Gesundheitszustand nur wenig beeinflussen, geschweige denn bewußt kontrollieren zu können. Aus diesem Grund machen wir uns in Gesundheitsfragen übermäßig von äußeren Autoritäten abhängig und überlassen oft alle Entscheidungen den Ärzten.

Diese Überbetonung äußerer Heilmethoden hat zudem bewirkt, daß wir eine äußerst medikamentenabhängige Kultur geworden sind. Manchmal scheint es geradezu, daß wir alle auf der Suche nach der magischen Pille oder dem Zaubertrank sind, die uns, wenigstens vorübergehend, unsere Schmerzen nehmen und bewirken können, daß wir uns gut fühlen. Die Sucht nach Rauschgift, Alkohol, Tabak, Koffein, übermäßigem Essen und noch viele andere krankhafte Abhängigkeiten haben geradezu epidemische Ausmaße angenommen. Verzweifelt versuchen wir, damit unseren emotionalen und spirituellen Schmerz zu betäuben. Auch die Signale unseres Körpers verdrängen wir auf diese Weise.

Zwar besitzen wir ein angeborenes, natürliches Gewahrsein für die Bedürfnisse unseres Körpers, doch wir haben gelernt, den Körper entweder zu ignorieren oder ihn mit unseren gedanklichen Konzepten darüber, was angeblich gut für ihn ist, zu kontrollieren. Wir sind nicht mehr sensibel für das, was in uns und um uns herum vorgeht. Viele von uns spüren ihren Körper nur, wenn sich ernste Symptome einstellen. Er muß erst krank werden, damit wir ihn überhaupt beachten.

Glücklicherweise beginnt sich das alles zu ändern. In unserer Kultur reift allmählich ein Bewußtsein für die Wichtigkeit gesunder Ernährung und regelmäßiger Bewegung heran. Immer mehr Menschen sind bereit, selbst Verantwortung für ihre körperliche Gesundheit und ihr allgemeines Wohlbefinden zu übernehmen.

Körperliche Heilung wird möglich, wenn wir lernen, uns in unseren Körper einzufühlen und auf seine Signale zu hören. Der Körper weiß in der Regel sehr gut, woran es ihm fehlt. Wenn wir bereit sind, ihm zuzuhören, teilt er uns sehr klar und deutlich mit, wann er welche Nahrung benötigt, wann er erschöpft ist, wann er Bewegung oder zärtliche Berührung braucht.

Um die Botschaften des Körpers richtig empfangen und deuten zu können, müssen wir zunächst unsere suchthaften Bedürfnisse heilen – unser Verlangen nach bestimmten Substanzen oder Nahrungsmitteln, die uns davon abhalten, die wahren Bedürfnisse unseres Körpers zu spüren. Wenn wir gesund sind, verlangt unser Körper nur nach Dingen, die gut für ihn sind.

Der Umgang mit Süchten

Wenn Sie süchtig nach bestimmten Substanzen oder nach Essen sind, besteht der erste Schritt Ihres Heilungsprozesses darin, Hilfe bei einem qualifizierten Therapeuten oder einer Selbsthilfegruppe wie den Anonymen Alkoholikern zu suchen. Jeder, dem ein Suchtproblem zu schaffen macht, glaubt anfangs, allein damit fertig werden zu können, nur mit der eigenen Willenskraft, ohne fremde Hilfe. Doch diese Art zu denken ist selbst Teil des klassischen Suchtmusters und trägt zur Aufrechterhaltung des Teufelskreises bei. Die meisten Menschen benötigen, um sich von einer Sucht zu befreien, Hilfe und Unterstützung von anderen, die mit dem Problem vertraut sind.

Es gibt immer viele gute Gründe und Entschuldigungen dafür, sich nicht helfen zu lassen: Sie haben keine Zeit oder nicht genug Geld dafür, Sie kommen mit dem Therapeuten oder den anderen Leuten in der Gruppe nicht klar, Ihr Problem ist eigentlich gar nicht so schlimm, und so weiter. Denken Sie daran, daß Ihr ganzes Leben blockiert ist, wenn Sie ein aktives Suchtproblem haben. Sie werden auf keiner Ebene Fortschritte in Ihrem Heilungsprozeß machen, solange Sie keine angemessene Hilfe und Unterstützung erhalten. Diesen Schritt zu machen kann bei weitem das Beste sein, was Sie für sich (und Ihre Angehörigen!) tun können.

Nachdem Sie eine bewußte Verpflichtung eingegangen sind, den Weg der Heilung zu gehen, sollten Sie mit sich selbst sehr geduldig und mitfühlend sein. Die alten Gewohnheiten und Schutzmechanismen zu entwickeln hat Jahre gedauert; auch das Erlernen neuer, gesünderer Verhaltensweisen braucht seine Zeit. Wenn wir einmal in der Lage sind, für eine Weile ohne die Flucht in die Sucht zu leben, kommen wir allmählich in Kontakt mit unseren wahren körperlichen, emotionalen, mentalen und spirituellen Bedürfnissen und können lernen, uns von ihnen leiten zu lassen.

Auf den Körper hören

Viele Menschen halten ihren Körper unbewußt für ihren Feind. Stellen Sie sich einmal vor, wie schlecht der Körper sich fühlen muß, wenn er in einem solchen Licht gesehen wird, und wie viele innere Konflikte eine solche Einstellung zwangsläufig hervorrufen muß. Es entsteht eine kontroverse Beziehung zwischen uns und unserem Körper, bei der wir ständig versuchen, ihm unseren Willen aufzuzwingen und ihn in eine bestimmte Form zu pressen.

Oft versuchen wir viel zu sehr, unseren Körper aus Sorge um unser Aussehen zu kontrollieren, oder sogar aus dem aufrichtigen Wunsch, gesund und fit zu sein. Wir übernehmen von anderen Menschen Regeln dafür, was gut für uns ist, und versuchen, diese Regeln unserem Körper aufzuzwingen. Manche davon mögen an sich positiv sein, doch wenn wir sie zu streng und starr anwenden, können sie Probleme verursachen – zum Beispiel, wenn wir versuchen, uns extrem fettarm zu ernähren. Wir erlegen uns ein zu strenges Diät-Regiment auf oder überfordern uns beim Fitneß-Training. Dann ist die Wahrscheinlichkeit groß, daß wir gegen diese selbst auferlegten Regeln rebellieren und ins andere Extrem zurückfallen. Natürlich ist gesundheitliche Selbstdisziplin grundsätzlich sinnvoll, doch nur, solange man es nicht übertreibt.

Wir müssen uns mit unserem Körper anfreunden und uns bewußtmachen, welche Wunder er unaufhörlich vollbringt. Denken Sie einmal darüber nach, daß er Ihnen rund um die Uhr dient und Sie so lebendig und gesund wie möglich erhält. Üben Sie sich darin, Ihrem Körper Anerkennung zu gönnen. Machen Sie sich klar, welche Freuden Ihnen Ihre körperlichen Sinne bereiten können: gutes Essen genießen, einen Sonnenuntergang bewundern, Blumen riechen, Musik hören, sich eine Massage gönnen.

Ich habe festgestellt, daß der beste Weg zur körperlichen Heilung darin besteht, zu lernen, auf die dem Körper angeborene Weisheit zu hören. In ihrem natürlichen Lebensraum essen Tiere dann, wenn sie hungrig sind, ruhen sich aus, wenn sie müde sind, und sind voller Energie und Vitalität. Natürlich ist unser heutiges Leben komplizierter. Es ist oft schwer, auf die kleinen Dinge zu achten, und nur selten möglich, wirklich spontan zu sein. Dennoch können wir es uns zur Gewohnheit machen, regelmäßig Fühlung mit unserem

Körper aufzunehmen, um herauszufinden, was er sich wünscht und was ihm wirklich guttut.

Hier sind einige der grundlegenden körperlichen Bedürfnisse:

- Reichlich sauberes, frisches Wasser.
- Eine einfache, natürliche, ausgewogene Ernährung aus vollwertigen, wohlschmeckenden Nahrungsmitteln.
- Ausreichend Ruhe, ungestörter Nachtschlaf und bei Bedarf zusätzlich tagsüber ein kurzes Nickerchen.
- Jeden Tag für eine gewisse Zeit draußen an der frischen Luft zu sein.
- Regelmäßige Bewegung und körperliches Training, das Ihren Fähigkeiten entspricht.
- Körperliche Zärtlichkeit, Zuneigung und Nähe.
- Sinnliche und sexuelle Freuden.

Wenn Sie lernen, sich auf Ihren Körper einzustimmen, wird er Ihnen ganz von selbst Wege zeigen, wie Sie diese Bedürfnisse erfüllen können.

Unser physischer Körper ist der Ort, wo unsere

anderen Daseinsebenen – unsere spirituellen, mentalen und emotionalen Aspekte – in diesem Leben ihren Sitz haben. In unserem Körper spiegelt sich der Zustand all dieser Ebenen. Eine Blockade im spirituellen, mentalen oder emotionalen Bereich manifestiert sich irgendwann zwangsläufig im Körper. Der Körper teilt uns also nicht nur seine eigenen Bedürfnisse mit, sondern oft auch die der anderen drei Ebenen.

Wenn es irgendwo auf den vier Ebenen unerfüllte Bedürfnisse gibt, deren wir uns nicht bewußt sind oder die wir bewußt ignorieren, wird der Körper uns das früher oder später sehr deutlich zeigen. Wenn Sie beispielsweise so viel und hart arbeiten, daß Ihre spirituellen und emotionalen Bedürfnisse unerfüllt bleiben, könnte Ihr Körper krank werden und Sie so zwingen, zur Ruhe zu kommen und in sich hineinzuhorchen.

Ich bin überzeugt, daß fast alle körperlichen Erkrankungen und Unfälle spirituelle, mentale oder emotionale Hintergründe haben. Oft handelt es sich auch um eine Kombination aus allen drei Aspekten. Emotionale Bedürfnisse spielen dabei offenbar eine besonders große Rolle, da sie häufig am stärksten unterdrückt werden.

Die körperliche Heilung wird erleichtert und beschleunigt, wenn man sich *zusätzlich* zur physischen Ebene der anderen drei Ebenen annimmt. Eine Krankheit oder ein Unfall ist also ein Hinweis, daß wir uns selbst und unser Leben einer genauen Betrachtung unterziehen und bereit für notwendige Veränderungen auf allen vier Ebenen sein sollten. Die Botschaft lautet im allgemeinen, mehr auf unsere Bedürfnisse und Gefühle zu achten, besser für uns selbst zu sorgen oder uns selbst in irgendeiner Weise stärker treu zu sein. Körperliche Symptome oder Verletzungen können auch auf einen verdrängten inneren Konflikt hindeuten, dem wir uns bewußt stellen sollten.*

---

* Weitere Informationen darüber, wie die körperliche Ebene von den anderen drei Ebenen beeinflußt werden kann, sowie viele ausgezeichnete Übungen finden sich in dem Buch *Passion to Heal* von Echo Bodine (siehe Literaturverzeichnis).

Oft spricht der Körper in verblüffend klaren Metaphern zu uns. Da ist zum Beispiel die Frau, die unter Rückenschmerzen leidet, weil sie sich zu viel Verantwortung aufbürdet, oder der Mann, der eine Herzattacke bekommt, weil er vor lauter Arbeit die Bedürfnisse seines Herzens ignoriert. Allerdings ist es nicht immer so leicht, die Botschaften des Körpers zu verstehen. Sie werden Zeit brauchen, bis Sie in der Lage sind, seine Signale richtig zu deuten. Meditation, Tagebuchaufzeichnungen oder Psychotherapie können Ihnen dabei helfen.

Machen Sie sich keine Sorgen, wenn Ihr Verstand nicht begreifen kann, was Ihr Körper Ihnen zu sagen versucht. Wenn Sie sich innerlich öffnen, erreicht die Botschaft Sie vielleicht auf einer ganz anderen Ebene. Die Deutungen, die andere Menschen Ihnen zu Ihrer Erkrankung geben, sollten Sie nur akzeptieren, *wenn sie Ihnen vom Gefühl her richtig erscheinen!*

Am Schluß dieses Kapitels finden Sie eine Meditation, die Ihnen hilft, beim Ergründen der möglichen spirituellen, mentalen oder emotionalen Ursachen einer Krankheit die Weisheit Ihres Körpers zu nutzen.

In New-Age-Kreisen neigen viele Menschen dazu, sich schuldig zu fühlen, wenn sie krank sind. Sie denken dann: »Hätte ich nur genug an mir gearbeitet, hätte ich jetzt nicht diese Krankheit erschaffen. Daher bin ich offensichtlich ein sehr unbewußter Mensch und habe versagt.« Manche Lehrer und Heiler tragen zu dieser Einstellung bei, indem sie den Leuten einreden, wenn sie nur die richtigen Gedanken denken, die richtigen Affirmationen anwenden, die richtige Diät befolgen würden, müßten sie zwangsläufig vollkommen gesund werden. In Wahrheit sind die Dinge nicht ganz so einfach.

Es ist möglich, daß Sie sich sehr gesund ernähren, täglich meditieren, regelmäßig Sport treiben, Ihre Gefühle offen ausdrücken, Affirmationen und Visualisierungen anwenden und dann trotzdem krank werden! Unsere Lebensreise ist sehr komplex und oft geheimnisvoll. Wir können nicht immer wissen, warum bestimmte Dinge geschehen. Denken Sie daran, daß unsere Seele alle verfügbaren Möglichkeiten nutzt, um uns zu erziehen und zu erleuchten.

Eine Krankheit ist nicht notwendigerweise etwas Schlechtes, auch wenn es sich so anfühlen mag. Wie alles, was uns widerfährt, ist sie eine Chance, zu lernen, zu wachsen und unsere Einsicht und Erkenntnis zu vermehren. Auch wenn das schwer zu akzeptieren sein mag, läßt sich eine Erkrankung als Geschenk betrachten, das es uns ermöglicht, uns selbst und unser Leben neu zu betrachten und dazuzulernen. Sie bietet die Möglichkeit zu wirklicher Veränderung.

Eine Krankheit kann uns buchstäblich das Leben retten. Viele Menschen treiben sich selbst viel zu hart an. Oft lernen sie erst, sich zu entspannen und zur Ruhe zu kommen, wenn sie durch eine Krankheit dazu gezwungen werden. Diese Erfahrung kann ihr Leben tiefgreifend verändern und ihm eine neue Qualität verleihen.

Eine meiner Freundinnen spürte in den letzten Jahren deutlich, daß sie ihren Lebensstil ändern und sich mehr Zeit für sich selbst gönnen sollte, statt sich ständig auf die Bedürfnisse anderer zu konzentrieren. Doch es fiel ihr schwer, diese Einsicht in die Tat umzusetzen. Dieses Jahr gab es für sie nun ein böses Erwachen, als sie plötzlich an einer schweren Lungenentzündung erkrankte. Das zwang sie, alle anderen Aktivitäten aufzugeben. Sie mußte sich ganz auf ihre Genesung konzentrieren und schenkte sich endlich die liebevolle Selbstfürsorge, die ihr so lange gefehlt hatte. Seitdem lebt sie bewußt ruhiger und achtet stärker auf ihre eigenen Bedürfnisse.

Der konstruktivste und wirkungsvollste Weg, mit einer Krankheit umzugehen, besteht darin, ihr Vorhandensein anzuerkennen, sich deswegen aber nicht schuldig zu fühlen, sondern die Erfahrung als Gelegenheit zu nutzen, neue Einsichten zu gewinnen und bewußter zu leben.

Natürlich fühlt es sich, wenn man mitten in der Krankheitserfahrung drinsteckt, oft nicht gerade wie eine wunderbare Chance zum Lernen und zum

Wachsen an. Vermutlich ist es vor allem schmerzhaft, erschreckend, verwirrend und entmutigend. Es ist Teil des Heilungsprozesses, sich diese Gefühle einzugestehen und sie zu akzeptieren. Oft hilft es, die Erfahrung ungefähr folgendermaßen einzuordnen: »Obwohl ich mich schrecklich fühle und nicht verstehe, warum mir das passiert, weiß ich, daß es dabei für mich etwas zu lernen gibt und daß ich die Chance habe, durch diese Erfahrung heiler zu werden. Ich bin offen dafür, mich auf diesen Lernprozeß einzulassen, und vertraue darauf, daß ich zu gegebener Zeit den Sinn des Ganzen erkennen werde.« Damit geben wir unserer inneren Führung die Möglichkeit, uns zu zeigen, was wir aus dieser Erfahrung lernen sollen.

Glauben Sie nicht, daß jede Krankheit heilbar ist und daß Sie versagt haben, wenn es Ihnen nicht gelingt, sich zu heilen. Manche Krankheiten bleiben als Lehrer und Mahner bei uns. Einer meiner Freunde bekommt zum Beispiel immer dann Herzrhythmusstörungen, wenn er sich zu viel Arbeit auflädt oder zu viel Verantwortung für andere übernimmt. Seine Herzbeschwerden zwingen ihn dazu, viel mehr auf seine eigenen Bedürfnisse zu achten und gut für sich selbst zu sorgen.

Lebensbedrohliche Krankheiten

Wenn durch eine Krankheit oder die bei einem Unfall erlittenen Verletzungen unser Leben in Gefahr gerät, wird der Wachstumsprozeß natürlich enorm intensiviert. Viele Menschen machen die Erfahrung, daß eine ernste Erkrankung sie veranlaßt, sich zentralen Konflikten zu stellen, wodurch sich ihr Leben tiefgreifend verändert.

Manche Krankheiten dienen auch als Weg, jemandem den Übergang in eine andere Daseinsebene zu ermöglichen. Wir sollten uns selbst oder andere Menschen wegen einer schweren, möglicherweise tödlichen Krankheit nicht verurteilen. Wir müssen begreifen, daß der Tod keine Niederlage ist, sondern eine legitime und positive Wahl sein kann. Wer sind wir, über die Seelenreise eines Menschen zu urteilen?

Ich bin überzeugt, daß ein Mensch, der stirbt, sich auf einer bestimmten Ebene, bewußt oder unbewußt, für den Tod entschieden hat. Im gegenwärtigen Stadium unserer Evolution treffen die meisten von uns diese Entscheidung unbewußt. Wir werden beispielsweise »Opfer« einer Krankheit oder eines Unfalls.

Glücklicherweise wächst unser Wissen darüber, was im Tod und während des Sterbens geschieht. Wir lernen zunehmend, das Sterben zu achten und Sterbenden angemessen beizustehen. Ich glaube, künftig werden immer mehr Menschen in der Lage sein, auf bewußte, harmonische Weise in die jenseitige Dimension überzuwechseln, wenn sie spüren, daß ihre Zeit gekommen ist.

Bei meiner Arbeit habe ich immer wieder festgestellt, daß bei Menschen, die lebensbedrohlich erkrankt sind, stets ein Teil ihrer Persönlichkeit sterben möchte. Für gewöhnlich sind sie sich dieses Teils nicht oder so gut wie nicht bewußt. Sie haben nur bewußten Kontakt zu jenem Teil in ihnen, der weiterleben möchte. Wenn es ihnen gelingt, eine bewußte Verbindung zu jenem Persönlichkeitsanteil aufzunehmen, der den Tod herbeisehnt, können sie oft herausfinden, warum diese Wahl getroffen wurde. So kann diese Entscheidung dann auf einer viel bewußteren Ebene getroffen werden.

Oft hat die betreffende Person durch das tiefsitzende Gefühl, daß ihre emotionalen Bedürfnisse nicht erfüllt werden, ihren Lebenswillen verloren. Wenn sie sich dessen bewußt wird, kann das eine sehr heilende Wirkung haben, neue Lebensenergien wecken oder zumindest einen friedvolleren Tod ermöglichen. Es ist aber auch möglich, daß ein Mensch auf der spirituellen Ebene das Gefühl hat, seine Bestimmung in diesem Leben erfüllt zu haben. Oder er glaubt, den nächsten Wachstumsschritt auf einer anderen Existenzebene oder in einem anderen physischen Leben besser vollziehen zu können.

Vor nicht langer Zeit besuchte eine Frau, die ich Carmen nennen möchte, eines meiner einwöchigen Intensiv-Seminare. Die Ärzte hatten bei ihr einen inoperablen, unheilbaren Tumor diagnostiziert, was natürlich ein enormer Schock für sie war. Als sie sich intensiv mit dem Teil in ihr, der leben wollte, und mit dem (ihr zuvor völlig unbewußten) Teil, der sterben wollte, auseinandersetzte, gelangte sie zu tiefen Einsichten und wurde fähig, ihre Krankheit anzunehmen. In den folgenden Monaten kam es bei ihr zu einer erstaunlichen emotionalen Heilung, und sie söhnte sich mit vielen für sie wichtigen Menschen aus. Ein besonders anrührendes Erlebnis aus dieser Zeit, das sie mir schilderte, war, von ihrer Mutter in den Armen gehalten und sanft gewiegt zu werden (sie hatte zuvor immer das Gefühl gehabt, von ihrer Mutter nie wirkliche Zuneigung erhalten zu haben). Bald darauf starb sie sehr friedlich im Kreis ihrer Freunde und Angehörigen, die sich liebevoll um sie kümmerten.

Auf der anderen Seite kenne ich auch eine Frau, bei der vor Jahren eine HIV-Infektion diagnostiziert wurde. Seither hat sie auf allen Ebenen intensiv an ihrer Heilung gearbeitet und sich dabei auch des Teils in ihr angenommen, der sterben wollte. Heute ist sie sehr gesund und aktiv. Im vergangenen Jahr hat sie geheiratet und inzwischen eine schöne, gesunde Tochter zur Welt gebracht.

Ich weiß, daß der Gedanke, in uns könnte es einen Teil geben, der unbewußt den Tod herbeisehnt, schockierend und schwer zu akzeptieren ist. Doch wie alles, was uns in bezug auf uns selbst bewußter werden läßt, kann auch diese Erkenntnis eine zutiefst heilsame Wirkung haben. Wenn Sie sich intensiver mit dieser Idee beschäftigen möchten, rate ich Ihnen, einen Berater oder Therapeuten aufzusuchen, der Erfahrung in der Arbeit mit lebensbedrohlich erkrankten Menschen hat, oder einen Therapeuten, der in der Voice-Dialogue-Methode ausgebildet ist, die ich im folgenden Kapitel näher erläutern werde.

Schritte zur Heilung

Hier sind drei grundlegende Schritte für die Heilung Ihres Körpers:

- Wenn Sie unter akuten, beunruhigenden Krankheitssymptomen leiden, gilt es, zuallererst die bestmögliche therapeutische Hilfe in Anspruch zu nehmen.
- Danach, oder wenn Sie nicht unter akuten Beschwerden leiden, sollten Sie auf regelmäßiger Basis etwas für Ihre körperliche Fitneß und Ihr allgemeines Wohlbefinden tun.
- Der dritte Schritt besteht darin, sich die emotionalen, mentalen und spirituellen Faktoren anzuschauen, die möglicherweise zu den körperlichen Problemen beitragen, und dann alles Erforderliche für die Heilung auf diesen drei Ebenen zu tun.

Was die ersten beiden Schritte angeht, kann die Suche nach der besten Therapiemethode für ein körperliches Gesundheitsproblem sich sehr verwirrend gestalten. Heutzutage gibt es diesbezüglich viele Wahlmöglichkeiten: westliche allopathische Medizin und Chirurgie, klassische chinesische Medizin, ayurvedische Medizin,

Homöopathie, Pflanzen- und Naturheilkunde, Akupunktur, Chiropraktik, Massage und Körperarbeit, Bewegungstherapie, Ernährungsberatung.

Ich bin der Auffassung, daß alle diese Therapieformen wie auch andere, die ich vielleicht zu erwähnen vergessen habe, ihren Wert haben und in bestimmten Situationen sehr sinnvoll sein können. Ich habe im Laufe meines Lebens schon von nahezu allen profitiert. Viele sind fester Bestandteil meiner regelmäßigen Gesundheitsvorsorge geworden.

Immer mehr Ärzte behandeln ihre Patienten heute auf ganzheitliche Weise, indem sie Schulmedizin und alternative Methoden auf sinnvolle Weise kombinieren. Solche Ärzte können Ihnen dabei helfen, die für Sie richtige Behandlung herauszufinden. Wertvolle Hinweise hierzu finden Sie in Büchern wie *Spontanheilung* von Dr. Andrew Weil und *Frauenkörper, Frauenweisheit* von Dr. Christiane Northrup (siehe Literaturverzeichnis).

Es kommt darauf an, herauszufinden, was für Sie funktioniert – sei es, daß es gilt, regelmäßig etwas für Ihre Gesundheit zu tun, akute Symptome zu behandeln oder nach radikalen Behandlungsmethoden, etwa einer Operation, Kraft und Vitalität zurückzugewinnen. Als besonders erfolgreich erweisen sich meistens jene Therapien, von deren Wirksamkeit Sie selbst fest überzeugt sind. Nach meiner Erfahrung zieht man die moderne westliche Medizin vor allem bei akuten Problemen zu Rate, da sie im allgemeinen die schnellsten und wirksamsten Möglichkeiten bietet, akut auftretende Symptome und körperliche Beschwerden zu behandeln. Bei anderen Problemen, vor allem solchen, die eine eher langfristige therapeutische Betreuung erfordern, können sogenannte alternative Methoden effektiver sein. In vielen Fällen spielen Geschick, Erfahrung und Einfühlungsvermögen des Behandlers eine größere Rolle als die Methode, die er anwendet.

Geben Sie niemals Ihre ganze Macht und Autorität an einen Arzt oder anderen professionellen Therapeuten ab. Manchmal ist es erforderlich, daß wir ihrer Erfahrung und ihrem Rat vertrauen, aber wir sollten deshalb nicht die Botschaften unserer inneren Führung und die Weisheit unseres eigenen Körpers ignorieren. Betrachten Sie Ärzte und Therapeuten nicht als absolute Autoritäten, sondern als Führer, die Ihnen auf Ihrem Weg der Selbstheilung helfen.

Informieren Sie sich so gut wie möglich über die Ihnen zur Wahl stehenden Behandlungsmöglichkeiten, und vertrauen Sie dann darauf, daß Ihnen Ihre innere Führung den besten Weg zeigt. Hören Sie sich aufmerksam an, was Ihnen Ärzte und andere Experten zu sagen haben. Besprechen Sie sich mit Angehörigen und Freunden. Horchen Sie dann in sich hinein, und treffen Sie die erforderlichen Entscheidungen im Einklang mit Ihrer tiefsten inneren Wahrheit.

Nachdem Sie dafür Sorge getragen haben, daß Ihr Körper die bestmögliche Hilfe erhält, sollten Sie sich den anderen Seinsebenen zuwenden. Finden Sie heraus, was Ihnen emotional, mental und spirituell fehlt. Unternehmen Sie dann konkrete Schritte, um diese Bedürfnisse zu erfüllen.

Denken Sie daran, daß unser Körper wunderbar kommunizieren kann – er läßt uns immer genau wissen, was ihm fehlt. Kultivieren Sie die Kunst, die Botschaften Ihres Körpers zu erspüren und zu deuten.

Die Technik der kreativen Visualisierung kann bei der Wiedererlangung und Erhaltung unserer Gesundheit eine wertvolle Hilfe sein. Sie läßt sich problemlos mit anderen Behandlungsmethoden kombinieren. Seit ich 1978 das Buch *Stell dir vor* schrieb, habe ich Tausende von Briefen von Leserinnen und Lesern erhalten, die diese Technik erfolgreich bei einer Vielzahl körperlicher Beschwerden angewendet haben, und ebenso in vielen anderen Lebensbereichen.

Das Leben in der materiellen Welt

Wenn wir eine gesunde Bewußtheit und Achtung für unseren Körper entwickeln, wächst zugleich unsere Bewußtheit für die uns umgebende materielle Welt. Je einfühlsamer wir uns selbst gegenüber werden, desto mehr wächst auch unser Mitgefühl gegenüber anderen Menschen und der Umwelt im allgemeinen. Daß wir gut für uns selbst sorgen, zieht ganz natürlich den Wunsch nach sich, auch gut für unsere Umgebung zu sorgen. Wenn wir der physischen, körperlich-materiellen Ebene Achtung entgegenbringen, schaffen wir um uns herum Ordnung, Harmonie und Schönheit.

So wie mein Körper die Manifestation meines individuellen Bewußtseins ist, bildet die Erde unseren kollektiven Körper, die Manifestation unseres kollektiven Bewußtseins. Darin, wie wir die Erde behandeln, spiegelt sich wider, wie wir mit uns selbst umgehen. Um in der materiellen Welt wirklich gedeihen zu können, müssen wir ihr Respekt und Achtung schenken.

Mutter Erde ist unsere größte Lehrerin. Wenn wir achtsam genug sind, können wir von ihr alles lernen, was wir über das Leben auf der physischen Ebene wissen müssen. Tag für Tag zeigt sie uns ihre natürlichen Rhythmen und Zyklen – die Naturgesetze des Lebens.

Die meisten Naturvölker besaßen ein tiefes Verständnis für die Verbundenheit des Menschen mit der Erde. Im Zentrum ihrer Weltsicht stand die Abhängigkeit unseres physischen, emotionalen, mentalen und spirituellen Wohlergehens von »Mutter Erde« – als einzelne und als Menschheit insgesamt. Das neu erwachte Interesse an der Weisheit der Naturvölker bezeugt, daß wir von ihnen viel lernen können im Hinblick auf einen gesunden Umgang mit uns selbst und der Erde.

Durch die Zwänge des modernen Lebens haben wir uns immer weiter von den natürlichen Zyklen der Erde entfernt. Wir stehen auf, wenn der Wecker klingelt, und gehen nach den 23-Uhr-Nachrichten zu Bett. Unser Leben ist danach strukturiert, was wir *intellektuell* für notwendig erachten, nicht nach unserem natürlichen Rhythmusgefühl. Doch wie weit wir uns auch von der Natur entfernt haben mögen, wir sind immer noch ein Teil der Erde. Wir müssen uns dessen wieder bewußt werden und neu lernen, die Rhythmen der Erde zu respektieren und im Einklang mit ihnen zu leben.

Wir sind keine Maschinen, die ohne Ende tagaus, tagein die gleiche Leistung bringen können. Unsere geistige und emotionale Verfassung ist an sonnigen Sommertagen anders als an wolkigen Wintertagen. Und jeden Tag beeinflussen uns Myriaden anderer subtiler Veränderungen. Wenn wir diese täglichen Unterschiede anerkennen, können wir viel harmonischer am Fluß des Lebens teilhaben.

Um ein besseres Gespür für unsere Verbundenheit mit der Erde zu entwickeln, sollten wir täglich etwas Zeit im Freien verbringen, selbst wenn es nur ein paar Minuten sind. So können wir uns der feinen Veränderungen, die im Lauf des Jahres in der Natur vorgehen, bewußter werden. Wenn Sie in der Stadt leben, ist es schwieriger, in Kontakt mit der Natur zu bleiben, aber beinahe jeder von uns kann einen Spaziergang machen, dabei den Himmel beobachten und Sonne und Wind auf der Haut spüren.

Tägliche Bewegung ist sehr wichtig, um uns körperlich und seelisch gesund, ausgeglichen und stabil zu erhalten. Wenn wir uns bewegen, kann die Lebensenergie uns frei durchströmen. Das schenkt uns Freude und erneuert und heilt unseren Körper.

Wichtig für eine gesunde Entwicklung unseres physischen Aspektes ist es auch, daß wir die praktischen Erfordernisse des Lebens in der materiellen Welt gut meistern. Wir sollten die Fähigkeit besitzen, unseren Lebensunterhalt zu verdienen, unsere finanziellen Angelegenheiten in Ordnung zu halten, unseren Haushalt zu führen und unseren Verpflichtungen uns selbst und anderen gegenüber nachzukommen. Dies alles zeugt von einem gut entwickelten Bewußtsein im körperlich-materiellen Bereich.

Viele Menschen mögen zwar spirituell, mental und emotional hoch entwickelt sein, leugnen aber die Wichtigkeit der physischen Ebene. Sie haben oft Schwierigkeiten, beruflich Erfolge zu erzielen, Geld zu verdienen oder ihre finanziellen Angelegenheiten in den Griff zu bekommen. Sie leben häufig in chaotischen Verhältnissen oder wirken etwas »weggetreten«, sind unzuverlässig und halten Verabredungen nicht ein.

Wenn es Ihnen schwerfällt, Ihren Lebensunterhalt zu verdienen oder beruflich auf sicheren Füßen zu stehen, sollten Sie prüfen, ob Sie vielleicht unbewußt negative Glaubenssätze oder Gefühle bezüglich des physischen Daseins hegen. Falls Sie in der Vergangenheit eine Menge emotionale oder körperliche Schmerzen erdulden mußten, sind Sie tief im Innern vielleicht zu dem Schluß gelangt, daß die Erde ein Ort des Leidens ist, wo Ihre Bedürfnisse niemals erfüllt werden können. Oder wenn Sie traditionell religiös erzogen wurden, folgen Sie unbewußt vielleicht noch immer der Grundüberzeugung, daß die materielle Ebene weniger wichtig ist als die spirituelle. Möglicherweise stellt Ihr Verhalten auch eine Rebellion gegen eine Erziehung dar, in der übermäßiger Wert auf Ordnung und materielle Erfolge gelegt wurde. Wenn Sie sich diese negativen Einstellungen bewußtmachen, können Sie sie heilen und in Wertschätzung für das materielle Leben verwandeln. Unser körperliches, emotionales, mentales und spirituelles Wohlbefinden hängt davon ab, daß wir in der Lage sind, gut für uns selbst zu sorgen und erfolgreich mit unserer Umwelt zu interagieren.

Übung: Kommunikation mit dem Körper

Hier ist eine Meditation, die Ihnen hilft, mit Ihrem Körper zu kommunizieren. Lesen Sie zunächst den ganzen Text, ehe Sie beginnen.

Setzen oder legen Sie sich bequem hin, schließen Sie die Augen und entspannen Sie sich.

Werden Sie sich Ihrer Gedanken bewußt. Versuchen Sie, sich jedes einzelnen Gedankens bewußt zu werden. Beobachten Sie, wie die einzelnen Gedanken auftauchen und durch Ihr Bewußtsein wandern. Verweilen

Sie bei keinem Gedanken, sondern lassen Sie sie einfach ziehen.

Nehmen Sie einige tiefe Atemzüge, und entspannen Sie mit jedem Ausatmen Ihren Verstand, so daß Ihr Denken sich immer mehr verlangsamt. Entspannen Sie mit jedem Ausatmen Ihren Körper, atmen Sie weiter tief und langsam, und lassen Sie Ihren Körper entspannter und immer entspannter werden.

Lassen Sie Ihre Aufmerksamkeit durch Ihren Körper wandern. Spannen Sie Ihre Zehen und Füße an, halten Sie die Spannung für ein paar Sekunden, und lassen Sie dann los. Spüren Sie, wie Ihre Füße tiefer in die Unterlage sinken, auf der Sie sitzen oder liegen. Spannen Sie nun Ihre Waden an, halten Sie die Spannung für ein paar Sekunden und lassen Sie los. Spüren Sie, wie Ihr Körper mit dem Loslassen tiefer in das Kissen oder die Decke sinkt. Führen Sie dieses Anspannen und Loslassen nacheinander mit

Ihrem ganzen Körper durch – Oberschenkel, Becken, Hüften, Bauch, Brust, Hände, Arme, Schultern, Nacken, Kopf und Gesicht. Spannen Sie jeden Körperteil für ein paar Sekunden an, lassen Sie los und spüren Sie, wie Ihr Körper jedesmal etwas tiefer in die Sitz- oder Liegeunterlage sinkt.

Achten Sie jetzt auf Ihren Atem. Spüren Sie, wie Ihre Lunge sich beim Einatmen füllt und beim Ausatmen entspannt. Nehmen Sie auch die Pause nach jedem Ausatmen wahr.

Lassen Sie Ihre Aufmerksamkeit nun wieder durch Ihren Körper wandern, und verweilen Sie bei einem Körperteil, der momentan besondere Beachtung verdient – sei es, daß Sie dort Schmerzen haben, daß er nicht richtig funktioniert oder daß er erschöpft ist. Sie können auch einen Körperteil nehmen, den Sie nicht mögen oder bei dem Sie das Gefühl haben, daß er von anderen nicht akzeptiert wird.

Legen Sie eine Hand oder beide Hände auf diesen Körperteil und konzentrieren Sie sich intensiv auf die betreffende Stelle. Fragen Sie diesen Körperteil, was er empfindet, was ihm fehlt oder was er Ihnen gerne mitteilen möchte. Fühlen Sie sich so gut wie möglich in diesen Teil Ihres Körpers ein und lauschen Sie auf seine Botschaft.

Stellen Sie sich vor, daß Ihr Körper zu Ihnen spricht. Was sagt er? Was spüren Sie in Ihren Händen, während sie auf Ihrem Körper liegen?

Wenn Sie möchten, stellen Sie sich nun vor, daß heilende Energie aus einer reinen Quelle tief in Ihrem Inneren strömt und durch Ihre Hände in jenen Körperteil fließt. Sie können sich diese Energie als ein schönes, warmes goldenes Licht vorstellen oder als Licht in einer anderen Farbe, von der Sie spüren, daß sie dem betreffenden Körperteil guttut. Lassen Sie Achtung, Liebe und Heilung in diesem Licht mitfließen.

Stellen Sie sich vor, daß diese heilende Energie Schmerz, Anspannung, Krankheit und Selbstzweifel sanft auflöst. Stellen Sie sich vor, daß Ihre Hände frische Energie und Vitalität in Ihren Körper übertragen.

Stellen Sie sich Ihren ganzen Körper nun gesund, kräftig, schön und energiegeladen vor.

Wenn Sie bereit sind, nehmen Sie langsam Ihre Hände von Ihrem Körper, recken und strecken sich sanft, öffnen die Augen und richten Ihre Aufmerksamkeit wieder auf Ihre äußere Umgebung.

Wenn Sie möchten, können Sie sich Notizen über Ihre Erfahrungen während der Meditation machen.

SECHSTES KAPITEL

INTEGRATION UND HARMONISIERUNG

Vermutlich ist Ihnen aufgefallen, daß die Kapitel in diesem Buch länger wurden, während wir uns vom spirituellen zum physischen Bereich bewegten. Unser Weg führte vom Kontakt mit der einfachen Klarheit dessen, was wir in unserem tiefsten Wesen sind, zu der komplexen Aufgabe, alle unsere Seinsaspekte erfolgreich in ein Leben auf der materiellen Ebene einzubringen.

Das ist wahrhaftig eine lebenslange Aufgabe – das große Abenteuer der Existenz. Wir sollten die Heilung auf den vier Ebenen nicht als Ziel betrachten, das es so schnell wie möglich zu bewältigen gilt, um einen harmonischen Idealzustand zu erlangen. Vielmehr handelt es sich um eine nie endende, sich beständig weiter entfaltende Reise, auf der wir Geduld, Mitgefühl und Liebe für uns selbst benötigen.

Wie ich in diesem Buch immer wieder betont habe, gibt es keinen »richtigen« Weg; jeder Mensch folgt seinem eigenen und einzigartigen Entwicklungspfad. Auch wenn andere uns als Mentoren und Führer auf diesem Pfad dienen können, hat keiner von ihnen alle Antworten für uns bereit. Das Leben selbst ist unser bester Lehrmeister; es führt und drängt uns stets in die für uns richtige Richtung. Und wenn wir lernen, achtsam zu sein, wird unsere innere intuitive Führung uns Schritt für Schritt den Weg weisen.

Wenn wir dem Weg der Heilung folgen und uns dabei entsprechend unserem inneren Bedürfnis den vier Seinsebenen widmen, wird allmählich eine größere Harmonie zwischen unseren spirituellen, mentalen, emotionalen und körperlichen Bedürfnissen entstehen.

In diesem Buch habe ich Ihnen einige Übungen vorgestellt, die Ihnen bei der Heilung der vier Aspekte helfen können. Wenn Ihnen diese Übungen gefallen, können Sie daraus ein festes Programm zur Entwicklung und Harmonisierung der vier Seinsebenen machen.

Wir haben das Glück, in einer Zeit zu leben, in der uns viele Hilfsmittel für unser persönliches Wachstum zur Verfügung stehen. Es gibt eine fast unendliche Zahl von Büchern, Seminaren, Gruppen, Beratern, Heilern und Therapeuten der unterschiedlichsten Richtungen, die uns alle aufregende und manchmal verblüffende Chancen für Heilung und Wachstum bieten. Dabei kann man leicht in Verwirrung darüber geraten, welchen Weg man denn nun einschlagen soll.

Mein Rat lautet: Versuchen Sie, Ihrer Intuition zu folgen – Ihrem Instinkt, der Ihnen sagt, was wirklich gut für Sie ist. Wenn Sie sich von einer bestimmten Form der Persönlichkeitsentwicklung angezogen fühlen, probieren Sie sie aus, testen Sie, ob sie tatsächlich Ihr Wohlbefinden steigert. Bleiben Sie so lange dabei, wie die Sache

Ihnen wirklichen Nutzen bringt, und gehen Sie weiter, wenn das nicht länger der Fall ist.

Hüten Sie sich vor charismatischen Führern, Gurus oder Therapeuten, deren Anhänger oder Klienten einen übermäßig abhängigen Eindruck machen und über Jahre hinweg bei ihrem jeweiligen »Meister« bleiben. Vertrauen Sie Ihrer Intuition, die Ihnen meistens sehr genau signalisiert, wenn an einer Sache etwas faul ist, auch wenn man Ihnen noch so gute rationale Gegenargumente präsentiert. Suchen Sie sich Lehrer oder Therapeuten, die ihren Schülern oder Klienten aufrichtig dabei helfen, auf eigenen Füßen zu stehen und sich persönlich weiterzuentwickeln.

Machen Sie Ihr tägliches Leben zu einem Pfad der Heilung und des Wachstums. Es gibt viele Techniken, die Ihnen dabei helfen können, etwa Tagebuchschreiben, Schreiben mit der nichtdominanten Hand oder Traumarbeit (bei der es darauf ankommt, daß Sie lernen, Ihre Träume selbständig zu verstehen und zu interpretieren, nicht einfach vorfabrizierte Deutungen von anderen zu übernehmen).

Auf meiner eigenen Reise habe ich viele verschiedene Hilfsmittel und Techniken benutzt. Sie alle erwiesen sich als nützlich, um bestimmte Teile meines Selbst zu entwickeln. Die kreative Visualisierung ist zum Beispiel ein sehr wirksames Hilfsmittel zur Heilung auf allen vier Ebenen. Wie ich schon erwähnte, besteht eine der wichtigsten Übungen in meinem Leben darin, daß ich stets versuche, meiner inneren intuitiven Führung zu folgen. Weitere Informationen zu diesen Techniken bieten meine im Literaturverzeichnis aufgeführten Bücher und Kassetten.

Eine Methode hat mir mehr als alle anderen dabei geholfen, die vielen Aspekte meines Selbst zu integrieren und größere Harmonie in meinem Leben zu schaffen: die bereits erwähnte Arbeit von Hal und Sidra Stone. Sie haben die Psychologie der Selbste entwickelt und eine Voice Dialogue (Stimmendialog) genannte Methode, durch die man sehr wirkungsvoll mit den vielen Persönlichkeitsanteilen in Kontakt treten kann, die wir alle in uns tragen. Um die Voice-Dialogue-Methode in ihrer ganzen Wirksamkeit zu erleben, ist es nötig, mit einem dafür ausgebildeten Therapeuten in einer Einzelsitzung zu arbeiten. Doch bereits die Bücher und Kassetten können dazu beitragen, die eigene Bewußtheit zu steigern und heiler zu werden. Ihre Kassetten über Träume sind überdies ein ausgezeichneter Einstieg in die Beschäftigung mit den eigenen Träumen. Im Literaturverzeichnis finden Sie außerdem eine Kontaktadresse aufgeführt, wo Sie sich informieren können, ob es in Ihrer Nähe einen Voice-Dialogue-Therapeuten gibt.

Ich führe auf der ganzen Welt Seminare zu den vier Ebenen der Heilung und zu vielen anderen Themen durch. Auch veranstalte ich regelmäßig einwöchige Intensivkurse in Kalifornien und auf Hawaii, gelegentlich auch an anderen Orten. Das Ziel dabei ist es, die vier Ebenen zu heilen, zu entwickeln und ins Gleichgewicht zu bringen. In diesen Intensiv-Seminaren benutzen wir Meditation, Visualisierung, Intuitionstraining, Voice Dialogue, kreatives Schreiben, Bewegungsübungen, Malerei, Traumdeutung und viele andere Techniken.

Übung: Integrations-Meditation

Hier ist eine Meditation, die Ihnen hilft, alle vier Ebenen zu integrieren. Es ist empfehlenswert, sie täglich oder in regelmäßigen Abständen zu praktizieren.

Setzen oder legen Sie sich bequem hin, wobei Ihr gesamter Rücken gut abgestützt sein sollte. Schließen Sie die Augen und entspannen Sie sich. Atmen Sie tief ein, und lassen Sie beim Ausatmen alles los, was nicht Ihre momentane Aufmerksamkeit erfordert. Atmen Sie erneut tief ein, und wenden Sie beim Ausatmen Ihre Aufmerksamkeit nach innen. Atmen Sie weiter tief und langsam, und lassen Sie Ihre Aufmerksamkeit tiefer und tiefer nach innen wandern. Gehen Sie immer tiefer, bis Sie jenseits Ihres Körpers, Ihres Verstandes und Ihrer Emotionen an einen sehr friedlichen Ort gelangen.

Öffnen Sie sich an diesem friedlichen Ort dafür, Ihren spirituellen Wesenskern zu erfahren. Sitzen Sie einfach nur still, und laden Sie Ihre spirituelle Führung zu sich ein. Auch wenn sich keine besondere Empfindung einstellt, gehen Sie einfach davon aus, daß Ihre spirituelle Führung bei Ihnen ist. Machen Sie sich bewußt, daß dies nicht nur jetzt in diesem Moment der Fall ist, sondern immer, während Ihres gesamten Lebens. Sie sind eins mit der ganzen Schöpfung.

Begeben Sie sich nun langsam auf die mentale Ebene. Stellen Sie sich vor, daß Sie geistig völlig klar und hellwach sind. Stellen Sie sich vor, wie Sie ganz von Selbstvertrauen durchdrungen sind und sicher wissen, daß Sie die Macht und Fähigkeit besitzen, in Ihrem Leben alles zu erschaffen, was Sie sich wirklich wünschen. Glauben Sie fest daran, daß das Leben Sie in jeder Form unterstützt.

Betrachten Sie jetzt die emotionale Ebene. Wie fühlen Sie sich in diesem Moment? Können Sie Ihre Gefühle akzeptieren und zulassen? Stellen Sie sich vor, daß Sie im Einklang mit all Ihren Emotionen sind. Seien Sie sich bewußt, daß wir als menschliche Wesen viele tiefe Gefühle haben, die uns helfen, gut für uns selbst zu sorgen und das Leben besser zu verstehen. Stellen Sie sich also vor, daß Sie alle Ihre Gefühle akzeptieren und wertschätzen und lernen, sie auf angemessene und konstruktive Weise zum Ausdruck zu bringen.

Werden Sie sich Ihres physischen Körpers bewußt und spüren Sie, wie er sich fühlt. Schenken Sie Ihrem Körper die Liebe und Anerkennung, die er verdient. Stellen Sie sich vor, daß Sie auf Ihren Körper hören und achtsam gegenüber seinen Bedürfnissen und Gefühlen sind. Sorgen Sie gut für Ihren Körper, dann wird er sich gesund, fit, lebendig und schön fühlen. Stellen Sie sich vor, daß Sie sich in Ihrem Körper wohl fühlen und glücklich sind.

Dehnen Sie dieses Gefühl nun auf Ihre Umgebung aus. Stellen Sie sich vor, daß Sie sich in der materiellen Welt wohl fühlen und sich voller Selbstvertrauen in ihr bewegen. Stellen Sie sich vor, daß Sie gut für Ihre persönlichen Bedürfnisse sorgen und alle praktischen Anforderungen des Lebens souverän meistern. Dies spiegelt sich in Ihrer Umgebung wider – sie ist ordentlich und schön. Nehmen Sie sich ein paar Minuten Zeit, um sich vorzustellen, wie sich Ihr Tag auf harmonische und erfüllte Weise entfaltet.

Wenn Sie die Meditation beenden möchten, öffnen Sie langsam die Augen, recken und strecken Sie sich sanft und widmen Sie sich dann wieder Ihrem Alltag.

Ich wünsche Ihnen eine wunderschöne Reise!

DANKSAGUNG

Ich danke Kathy Altman dafür, daß sie mich ermunterte, dieses Buch zu schreiben, und für die wunderbaren Ideen und Vorschläge, die sie dazu beisteuerte, ebenso wie für ihre Mithilfe bei seiner Fertigstellung.

Dank an meine Mutter Beth Gawain für ihre hilfreichen Anmerkungen.

Mary Brewer danke ich dafür, daß sie mit großer Hingabe und bis spät in die Nacht hinein das Manuskript wieder und wieder abtippte.

Lora O'Connor, ich danke dir, daß du so viel dafür getan hast, dieses Buch auf den Weg zu bringen.

Und Dank an meinen Liebling Jim für so viel liebevolle Unterstützung und Hilfe.

Literaturverzeichnis

Bücher

Bennett, Hal Zina: *Write from the Heart: Unleashing the Power of Your Creativity.* Nataraj Publishing, Mill Valley 1995

Bodine, Echo: *Passion to Heal: The Ultimate Guide to Your Healing Journey.* Nataraj Publishing, Mill Valley 1993

Cameron, Julia: *Der Weg des Künstlers.* Verlag Droemer Knaur, München 1996

Capacchione, Lucia: *Die Kraft der anderen Hand.* Verlag Droemer Knaur, München 1990

Capacchione, Lucia: *Recovery of Your Inner Child.* Simon and Schuster, New York 1991

Cassou, Michelle; Cubley, Stewart: *Life, Paint and Passion: Reclaiming the Magic of Spontaneous Expression.* Tarcher/Putnam, New York 1995

Dossey, Larry: *Heilende Worte. Die Kraft der Gebete und die Macht der Medizin.* Bruno Martin Verlag, Südergellersen 1995

Dossey, Larry: *Prayer is Good Medicine.* Harper San Francisco, San Francisco 1996

Gardner, Howard: *Frames of Mind: Theory of Multiple Intelligences.* Basic Books, Inc., New York 1983

Gawain, Shakti (mit Laurel King): *Leben im Licht. Quelle und Weg zu einem neuen Bewußtsein.* Heyne Verlag, München 1989

Gawain, Shakti: *Im Garten der Seele. Auf Entdeckungsreise zum Selbst.* Heyne Verlag, München 1991

Gawain, Shakti: *Das Leben-im-Licht-Programm.* Heyne Verlag, München 1993

Gawain, Shakti: *Meditationen im Licht.* Heyne Verlag, München 1992

Gawain, Shakti: *Erwachen.* Heyne Verlag, München 1993

Gawain, Shakti: *Gesund denken. Kreativ visualisieren.* Heyne Verlag, München 1994

Gawain, Shakti: *Wege der Wandlung.* Heyne Verlag, München 1994

Luvaas, Tanha: *Notes from My Inner Child: I'm Always Here.* Nataraj Publishing, Mill Valley 1993

Metzger, Deena: *Writing for Your Life: A Guide and Companion to the Inner Worlds.* Harper San Francisco, San Francisco 1992

Myss, Carolyn: *Geistkörper-Anatomie. Chakren, die sieben Zentren von Kraft und Heilung.* Verlag Droemer Knaur, München 1997

Nelson, Martia: *Coming Home: The Return to True Self.* Nataraj Publishing, Mill Valley 1993

Northrup, Christiane: *Frauenkörper, Frauenweisheit. Bewußt leben, ganzheitlich heilen.* Verlag Zabert Sandmann, München 1996

Roth, Gabrielle: *Das befreite Herz.* Heyne Verlag, München 1990

Stone, Hal und Sidra: *Du bist viele. Das hundertfache Selbst und seine Entdeckung durch die Voice-Dialogue-Methode.* Heyne Verlag, München 1994

Stone, Hal und Sidra: *Du bist richtig. Mit der Voice-Dialogue-Methode den inneren Kritiker zum Freund gewinnen.* Heyne Verlag, München 1995

Stone, Hal und Sidra: *Abenteuer Liebe, lebendige Partnerschaft.* Kösel Verlag, München 1997

Stone, Sidra: *Es ist Zeit, daß du gehst. Frauen befreien sich vom Inneren Patriarchen.* Kösel Verlag, München 1997

Weil, Andrew: *Spontanheilung. Die Heilung kommt von innen.* Bertelsmann Verlag, München 1995

Audiokassetten

deutsch:

Gawain, Shakti: *Meditationen im Licht.* Zwei Audiokassetten. Verlag Hugendubel, München

Gawain, Shakti: *Stell dir vor.* Eine Audiokassette. Sphinx Audio, Basel

Gawain, Shakti: *Leben im Licht. Praktische Übungen.* Zwei Audiokassetten. Axent-Verlag, Augsburg

englisch:

Gawain, Shakti: Lehr- und Meditationskassetten in englischer Sprache (z.B. *The Four Levels of Healing, The Path of Transformation, Developing Intuition*) von New World Library und Nataraj Publishing.

Roth, Gabrielle: Musikkassetten zum Tanzen (z.B. *Initiation. Totem. Endless Wave, Volume One*) bei Raven Recording, New Jersey. Zu beziehen über Aquarius, München.

Stone, Hal und Sidra: Audiokassetten in englischer Sprache (z.B. *Meeting Your Selves, The Child Within, Meet Your Inner Critic, Decoding Your Dreams*) von Delos, Kalifornien.

Kataloge mit dem vollständigen Lieferprogramm von Nataraj Publishing, New World Library, Delos und Raven Recording erhalten Sie bei:

Nataraj Publishing,
P.O. Box 2430, Mill Valley,
CA 94942, USA

Adressen

Vorträge und Seminare mit Shakti Gawain finden überall in den Vereinigten Staaten und in vielen anderen Ländern statt. Sie leitet außerdem Retreats, Intensivkurse und Schulungen. Wenn Sie in ihren Adreßverteiler aufgenommen und über ihre Seminare informiert werden möchten, wenden Sie sich an:

Shakti Gawain, Inc.,
P.O. Box 377, Mill Valley, CA 94942, USA
Fax: 001-415-388-7196
e-mail: sg@nataraj.com

oder in Deutschland an:

WRAGE Seminar Service, Schülerstr. 4, 20146 Hamburg
Tel.: 040-455240

Shakti Gawain und ihr Mann, Jim Burns, vermieten Zimmer und ein Gästehaus auf ihrem wunderschönen Anwesen auf der Hawaii-Insel Kauai an Einzelreisende oder Paare, die zu persönlichen Retreats dort hinkommen möchten. Informationen und Reservierungen bei:

Kai Mana, P.O. Box 612, Kilauea, Hawaii 96754, USA
Fax: 001-808-828-6670

Informationen über Shaktis Seminare, Nataraj Publishing und Kai Mana finden Sie auch im Internet auf der web site:

http://www.nataraj.com

Informationen über die von Hal und Sidra Stone angebotenen Seminare und Schulungen erhalten Sie bei:

Delos, P.O. Box 604, Albion, CA 95410, USA
Tel.: 001-707-937-2424
e-mail: delos@mcn.org

oder in Deutschland bei:
Voice Dialogue Center München
Artho Wittemann, Fallmerayerstr. 36, 80796 München
Tel./Fax: 089-3085846

Informationen über Seminare von Gabrielle Roth gibt es bei:

Raven Recording,
P.O. Box 2034, Red Bank, NJ 07701, USA